しまおまほの
おしえて
モ
NOW!

まほちゃん（6歳）

はじめに

『おしえて コドモNOW!』は2017年から始まった小学生へのインタビューをとおして子どもの今を探るWEB連載です。

放課後や休日に、親に言われるがまま待ち合わせ場所まで連れてこられ、そこへ初対面の大人がやってきてアイスクリームやパンケーキなど「好きなものを食べていいよ」なんて言われて油断をしていると、何が好きだ、嫌いだ、何が得意か、友だちの名前教えろと矢継ぎ早に質問され……よくわからないままおしゃべりをして帰る、という子ども自身には「?」な1日だったと思います。インタビューの日のこと、まったく忘れてしまった子もいると聞きました。

今回、出版するにあたりすべてのインタビューを読み返したのですが、自分でも驚いたことにひとりひとりの子の印象をハッキリ覚えているのです。4年間、ほぼ毎月ひとりずつ会っていればひとりくらい「こんな子いたっけ?」となりそうなものですが、どの子も「ああ、折り紙が得意な子ね」「獣医師が夢の子だ」とエピソードが必ず出てきます。ゲームが好き、アイドルが好き……特別な話はしていなくても、その子の顔が浮かびます。

インタビューのときの録音を聴きながら、取材時のノートと照らし合わせてインタビューをまとめていく……この作業がすごく好きでした。子どもの話してる声って耳に心地よいんです。とりとめのない話でもずっと聴いていたくなる。そして……眠たくなるんですよね～。何度も子どもの声を子守唄に居眠りしていました。

「コドモ」とひとまとめにはとてもできないひとりの人物の始まりの物語。そしてその始まりの瞬間は、年を重ねたわたしたちにもまだあるんじゃないかって、そう思えた大切な経験となりました。

しまおまほ

目次

no. 1

元気いっぱい小学2年生の女の子、将来なりたい夢って……。

みみちゃん（7歳）

2017年3月取材

みみちゃんは2009年生まれの小学2年生。

取材が行われたお母さんの実家は西新宿にある台湾料理店の老舗「山珍居《さんちんきょ》」です。ヒーリングサロンを経営している台湾人のお父さんは現在台湾に単身赴任中。在日台湾人のお母さんもセラピストです。取材に来たわたしたちは、ランチでお店の名物であるビーフンを食べながら、みみちゃんが下りてくるのを待ちました。

ドタドタドタ………（上の階から「赤ちゃん貸してー！」の声が近づいてくる）。

先頭きってみみちゃん、そのあとを追って長男のりゅうくん（4歳）、そしてお母さんとお母さんに抱かれた次男ゆうくん（1歳）が登場。

母 お待たせしましたー。

みみ 赤ちゃん貸してー！

みみちゃんは弟のゆうくんを抱っこしたいようです。

母　だめー落とすから。

みみ　落とさない！　落とさないから貸して！

ゆう　……。

お母さんからゆうくんを奪い取ろうとするみみちゃん。その場でジッと様子をうかがうりゅうくん。頭のてっぺんは毛が天に向かってピンッ！　と立っています。まるで水木しげるの『悪魔くん』みたい。

まほ　りゅうくん、寝癖？

りゅう　おねえ…

みみ　（さえぎって）わたしが朝やったの！

まほ　みみちゃんがセットしたの？　スゴイね。

みみ　へへへ……水とティッシュでやったの（と、言いながらりゅうくんの髪をツンツン）。

まほ　何をイメージしてるの？

みみ　おだいりさま。

まほ　お内裏様？　ひな祭りの？

みみ　そー。

りゅうくんの立った髪は、お内裏様の「烏帽《えぼ》子《し》」を表しているそうです。

まほ　ひな祭り、もう終わっちゃったのに？

みみ　ツンツンツンツン……（今度は赤ちゃんの顔を指でツンツングイグイ）。

ゆう　ミャー！　ビエーン！

母　みみ！　やめて！

まほ　ハハハハ……。

母　りゅう、今年ひな祭りの存在を初めて

知ってから将来の夢がお内裏様になったんです。

まほ　渋い夢だねぇ。

りゅう　………（小声で）しゃく、もってくるの忘れちゃった……。

みみ　（大声で）忘れたねっっ!!!

まほ　じゃあ、みみちゃんの将来の夢……

みみ　あ、ちょっと待っててね。（そう言うとみみちゃんは個室の外に出て、隣の部屋へ。りゅうくんもあとを追って部屋を出る）ガタ！ガタ！ガタガタガタガタガタガタガタ！（部屋を仕切っている蛇腹の壁が揺れる）

まほ　ぎゃー！　ビックリしたー！

母　みみ!!!（怒）

みみ　ぎゃははは!!

将来の夢ってなんですか？

超元気なみみちゃん、動き回ってお腹が空いたのか、お昼のルーロー飯（台湾の代表的な肉かけご飯）が運ばれてくるとようやく椅子に座りました。りゅうくんは早々と座って、主にルーロー飯の具ばかり食べています。お肉が好きなんだね。それにしても、毎日老舗の味が食べられるなんて本当に羨ましいですね。

まほ　（気を取り直して）えーっと将来、何になりたい？

みみ　（小声で）アイドル。フフフ……。

まほ　どうしてなりたいの？

みみ　かわいいから。

母　散々大騒ぎしてよく言うよ。

まほ　名前とか決まってるの？

みみ　リボンドハート。

まほ　それなに？

みみ　リボンとハートって意味。合言葉。

まほ　かわいいね。流行るかも。弟のりゅうくんには、将来どうなってほしいとかある？

みみ　男らしくなってほしい。

りゅうくんは赤ちゃんのころから、みみちゃんにドレスを着せられたりヘアアレンジをされたりしたせいか、女の子の格好をすることに抵抗がなく、自分からドレスを着て遊ぶようになったのだそうです。それを見たみみちゃん、最近では戦闘ごっこなどを率先してりゅうくんに教え始めているというのです。

みみ　ウルトラマンとか、好きになってほしい。

母　最近はけっこうそういうのも好きだよね。自分のこと「オレ」って言うしね。

まほ　「オレ（カフェオレの発音）」？　それとも「オレ（抹茶オレの発音）」？

母　オレ（抹茶オレの発音）。

りゅう　オレなんて言わない！

母　言うでしょ。最近なんでも否定するんですよ。

まほ　りゅうくん、お内裏様のほかにも夢ある？

りゅう　（お母さんの膝の上に乗りながら）……うんてんしゅ。

まほ　電車の？

りゅう　（首を横に振る）

まほ　新幹線？

りゅう　（首を横に振る）……たくしー。

まほ　タクシーの運転手かあ。

りゅう（お母さんのほうを向いて）ママ、りゅうがうんてんしゅになったら、にんきでるとおもう？

母　うん。人気出ると思うよ。

まほ　じゃあ、お姉ちゃんがアイドルになったら、人気出ると思う？

りゅう（首を横に振る）

みみ　りゅう！

まほ　あ、怒った（笑）。

みみ　そんなこと言うんだったら、あとでりゅうのこと焼くよ！　お鍋の上で！　立たせたり座らせたりして、焼くよ！

まほ　やばい（笑）。地獄（笑）。

そんなみみちゃんも、去年試練があったとか。お母さんと弟たちと一緒にお父さんの待つ台湾へ帰る日、なんと空港でみみちゃんのパスポートが失効していることに気づいたそう。

まほ　それでどうしたの？

母　空港職員の人に頼み込んだんだけど、どうやっても無理で。

まほ　そりゃそうだ……（笑）。

母　ちょうどじぃじとばぁばが送りに来ていたから、みみだけそのまま、また実家に逆戻り（笑）。パスポートが発行されるまでの10日間、わたしたちと離れて暮らしたんです。

まほ　それは大変だ。

母　台湾の空港に迎えに来た夫が「アレ？　みみは？　トイレ？」って聞くから、「日本」って（笑）。

まほ　『ホーム・アローン』じゃん！

母　しかも、空港着いた途端、りゅうが39

パスポートが切れてたー!
サーモグラフィーが
真っ赤なりゅう

度の発熱。イミグレーションのサーモグラフィー、りゅうだけ真っ赤で（笑）。

まほ インフルエンザ?

母 いえ、夏だったし。インフルエンザは今年の冬に姉弟《きょうだい》全員やりました。

まほ え……！　3人全員!?

みみ ばぁばもなったよ！

まほ ぎょえ〜！

母 そのあとみみは、アデノウイルスで3週間学校休んで……。治ったと思ったらりゅうにもうつって……。

まほ 聞くだけでグッタリ（笑）。

人生設計してますか?

最後に、みみちゃんへ未来のことを聞きました。

まほ　今後の人生設計とかってある？
みみ　じんせいせっけい？
まほ　大きくなるまでに、したいこととか。
みみ　6年生までに一輪車がうまくなりたい。
まほ　6年生、あと4年か、けっこうあるねえ。
みみ　じゃあ、3年生になるまで。
まほ　一輪車、今の子も好きなんだね。
みみ　いちばんすき。ひろばでやるの。
まほ　中学生になったら？
みみ　わかんない。
まほ　髪伸ばしたい、とかさ。
みみ　髪伸ばしたい。
まほ　（笑）。
みみ　耳のところまでまっすぐで、その下フワフワ。湯浅先生みたいな。
まほ　誰だろう（笑）。湯浅先生って人は耳のところまでまっすぐで、その下フワフワなんだね。……高校生になったら？
みみ　お弁当食べれるようになりたい。
まほ　大人になったら？
みみ　赤ちゃんが生まれる人のお手伝いしたい。
まほ　助産師さんてこと？　あれ？　アイドルは？
みみ　アイドルは……若くないと。
まほ　……若いって何歳？
みみ　……じゅうだい。
まほ　20代は若くないの？
みみ　ひとつだったら若い。
まほ　21歳ってこと？
みみ　うーん、わかんない。若いかも……わかんない！
まほ　気を遣ってくれてるのかな（笑）。結婚は？

みみ ……わかんない、わかんない！　YouTube観たい！

みみちゃんはそろそろ電池切れ。新幹線動画をジッと観ていたりゅうくんのスマホを取り上げて喧嘩勃発。ということで、退散することにしました。元気なみみちゃんが、家族の太陽であることは間違いない！　そして、お姉ちゃんに圧倒されつつも自分のペースを守っている弟たち。頼もしいです。たくさんの家族に囲まれて暮らすみみちゃんのお家は毎日賑やか。お母さん、ホンットーにご苦労様です！

おしえて！　その後のコドモたち

現在12歳のみみちゃん。その後、家族で台北に移り住みました。9月に小学6年生になったばかりですが、3年前から一輪車クラブに入り、今ではいろんな技ができるようになったそうです。去年から小3の弟りゅうくんも誘って一緒に通っているんだとか。縫い物や編み物、アクセサリー作りにも夢中なみみちゃん。大きくなったらインターネットでそれらを売ったりしたい！　と意気込んでいます。

no. 2

塾特待生の9歳男子に聞いた、学校・塾事情。

あおぺ（9歳）
2017年7月取材

「恥ずかしい……」

あおぺ（9歳）はそう言ってお母さんの腕を掴みました。

「何言ってるの、いつもどおり話せばいいのよ」

妹のあーたん（5歳）は周りをパタパタ走り回っています。いつも、男の子の取材は打ち解けるのに比較的時間がかかるものだけど、素直に「恥ずかしい」と言った子は珍しいかも。お母さんが気を遣って妹のあーたんに「部屋で遊んでて」と促すと、あおぺはすかさず、「オレをひとりにしないでくれ！」と、懇願。しかし、あーたんはスタスタとお部屋に行って遊び始めてしまいました。行き場を失ったあおぺは毛布にくるまって、ソファにダイブ。「オレはこうやって包まれているのが好きなんだ……」と、独り言。

しかし、実はあおぺ、某受験塾の統一テストで全国4位なんです。塾には特待生として入塾したとか。そのほかにも公文式などの習いごとにも通っているので、家でのんびりできるのは、わたしたちが取材に訪れた水曜日だけなのだとか。

塾と学校どう違う？

まほ 塾は楽しい？

あおぺ 楽しい。

まほ 学校とどっちが楽しい？

あおぺ う〜ん……それぞれ、別の楽しさがある。

まほ 塾にも友だちがいるんだよね。

あおぺ すぐできた。Tくん。

母 すごく優秀な子なんですよ。

あおぺ いちばん仲良い！　こないだも家でゲームして遊んだー。

まほ 学校では何をして遊ぶの？

あおぺ 鬼ごっこ。

まほ おー、今も昔も変わらず！

あおぺ オレ、足おそいけど。

まほ そうなの？

あおぺ すごいおそいよ。

母 運動苦手なんです。タイム見ただけだと、何メートル走かわからないくらい（笑）。

まほ でも、鬼ごっこが好きなんだ？

あおぺ うん。おそいから楽しい。

まほ えっ？　そうなの？　わたしも足遅かったから、鬼ごっこなんて絶対にやりたくなかった。

あおぺ カンタンじゃないから、楽しい。

まほ　なんと、まあ！
あおぺ　鉄棒も苦手。逆上がりできない。
母　あーたんはもうできるのにね。
あおぺ　オレのぶんの運動神経、あーたんにいったから。
まほ　じゃあ、クラスに「こんな子になりたいな」みたいな、羨ましい子いる？
あおぺ　いない。
まほ　それこそ、運動神経抜群とかさ。
あおぺ　（首を横に振る）
まほ　女子にモテるとか。
あおぺ　（首を横に振る）
まほ　お家がものすごい広いとか、学校の目の前に住んでて朝寝坊できるとか……！
あおぺ　（首を横に振る）
まほ　いないいんだあ。
あおぺ　いる。
まほ　アレッ（笑）？
あおぺ　でも、ママの前じゃ、言わない。
まほ　なるほど。じゃあ、この質問はこれ以上聞かないようにしよう（笑）。

読書家でもあるあおぺはお気に入りの本をわたしたちに見せてくれました。お母さん曰く、小さいころから読み聞かせを欠かさなかったとか。幼稚園のころから本が大好きなんだそうです。

あおぺ　（ドサッ）これが、オレの好きな本の一部。
まほ　星新一ばっかりだね。
あおぺ　重松清もあるよ。重松清も大好き。
まほ　お気に入りはある？
あおぺ　星新一なら『未来いそっぷ』。重松清は

『小学五年生』。

まほ　わたしたちが子どものころ、重松清を読んでる同級生いたかなあ？　江戸川乱歩シリーズとか、〝ズッコケ三人組〟シリーズ、あと『ぼくらの七日間戦争』とか……。

あおぺ　〝ぼくらシリーズ〟は全部読んだ！

まほ　マンガも読むの？

あおぺ　『ドラえもん』が好き。

母　大好きよね。のび太に憧れているらしいんです。

まほ　のび太に？　塾の特待生なのに？

母　ダラダラできるのが、羨ましいらしくて。

まほ　なんと……。

母　宿題が出ると、やらずにはいられないみたいなんです。放っておくことができなくて。

まほ　贅沢な悩みというか、逆に大変そうというか……。ダラダラさせてあげたくなるなあ。

あおぺ　アレッ？　ん？　ママ、あれドコ？

まほ　どうしたの？

あおぺ　ママ、オレの完璧無敵装置！　どこ??

母　わかんないよ、なあに、それ。

あおぺ　ほら、オレの完璧無敵……あった！

完璧無敵装置の正体は？

あおぺは、いつの間にかどこかに脱ぎ捨てていた毛布を拾い、またくるまりました。完璧無敵装置（毛布）があると、落ち着くらしいのです。

あおぺ　ママ！

母　なに？

あおぺ　（突然、何かを手に持って口に運ぶジェスチャーのあと、脇をパクパクする）

オレの完璧無敵装置

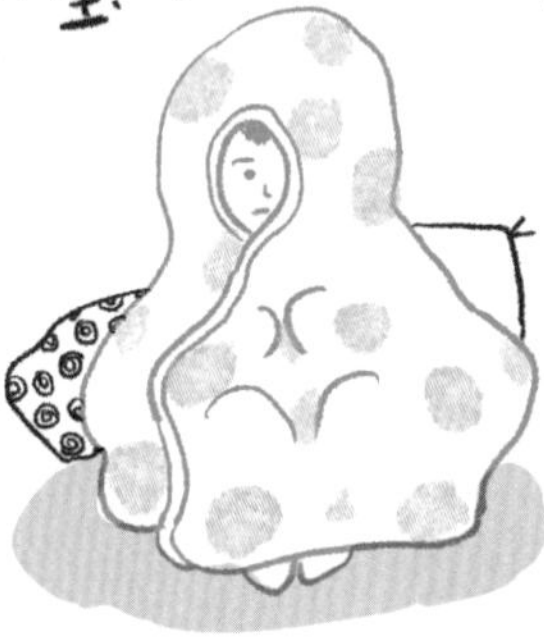

まほ　なにそれ？　ワカチコ、ワカチコ？

あおぺ　違う。

母　何？

あおぺ　あれ？　知らない？　そっかー言ってなかったかー。Kくんと作った暗号。

まほ　秘密の暗号なんだ。

あおぺ　そっかーママ知らないか。わかんない？（脇をパクパク）

母　わかんないよ。

あおぺ　ドリンク（手を口に）のみたい（パクパク）！

まほ　暗号にする必要ないじゃん！

あおぺ　Kくんはねえ、ピーマン大先生。

まほ　意味わからん（笑）。

あおぺ　フーンフーン♪（急に踊り出す）

まほ　創作ダンス？

あおぺ　Hくんダンス。

母　そういえば、ダンス好きだよね。ヒップホップとか、そういうかっこいいのじゃなくて。

まほ　かっこいいダンスじゃなくて（笑）。

母　運動会で花笠音頭を踊ったとき、妙にうまくて感心しちゃった。

あおぺ　〜♪（Hくんダンスをまだ踊っている）

まほ　友だちと何して遊んだりするの？

あおぺ　イケメンコール。

まほ　どんなの？

あおぺ　イケメン！　フゥワッフゥワッフゥワッ！

まほ　ホストっぽい（笑）。

あおぺ　Rくんのイケメンポーズは面白いんだ。Iくんもイケメンコールの仲間。

まほ　イケメンコール、いつやるの？

あおぺ　帰り道。

特待生とはいえ、あおぺは学校の友だちとも仲の良い、普通の小学生です。あおぺ、だんだん慣れてきたのか、いつのまにかわたしの隣にちょこんと座っていました。

まほ　妹のあーたんが生まれた日のことって、覚えてる？　あおぺはそのとき、5歳だったんだよね？

あおぺ　うん。へへへ……。

まほ　なあに？　なにか面白いことがあった？

母　産まれるところ、見たかったのよね。

あおぺ　うん。

まほ　見れた？

あおぺ　ううん。まだ産まれなそうって言ってたから、マリちゃん（お母さんの妹）と病院の食堂にご飯食べに行って……。

まほ　もしかして……。

あおぺ　そしたら、その間に産まれちゃった。

母　ホント、急に産気づいて。スポッと。

あおぺのときは、30時間以上苦しんだのに。

あおぺ　オレが広げといたから。

まほ　なにを？　産道？

あおぺ　そう。サンドー。

まほ　(笑)。ちなみに、何食べてたの？

あおぺ　かつサンド。

まほ　即答したね。しっかり覚えてるんだ(笑)。

あおぺ　美味しかった。

まほ　あおぺのいちばん古い記憶は？

あおぺ　前の家にいて……。

まほ　ふんふん。

あおぺ　なんかを手ですげー食ってた。

まほ　なにそれ(笑)。

あおぺ　たぶんおにぎり。米がすげー手にびっしりついてた。

島根の夏休み。忘れられない思い出。

この夏、あおぺはお母さんの実家がある島根へ遊びに行きました。そこで、広島に引っ越してしまった幼なじみ・Jくんとも再会できたそうです。

まほ　島根では、どんな遊びをしたの？

あおぺ　キャッチボールしたり、おでかけしたり……将棋をしたり。

まほ　おお！　藤井四段※。

あおぺ　じいじとやった。

まほ　じゃあ、じいじはひふみん役だね。勝負はどうだった？

※取材当時は四段だった藤井聡太棋士。2021年7月3日、第92期ヒューリック杯棋聖戦で初防衛し、18歳11か月という史上最年少記録で九段昇段が決まった。

あおぺ ……負けた。

母 負けて、泣いちゃったのよね。

あおぺ うん。

母 負けず嫌いなところがあって。

まほ 悔しかったんだね〜。Jくんとは?

あおぺ ニンテンドーDS。マリオパーティした。あと、水族館行った!

まほ 楽しそう。

母 宍道湖《しんじこ》の淡水魚とかを展示している水族館へ行ったんですけど……。

あおぺ Jくんの弟のRくんが濡れてる床ですってんころりんしちゃった。

まほ 大丈夫だった?

あおぺ 後頭部をガーン!

まほ ありゃ!

あおぺ そんで、頭パッカー! デミグラスソースぶっしゃー! ……とは、ならなかった。

まほ ……? なにそれ。

あおぺ デミグラスソースぶっしゃー!

まほ デミグラスソース?

あおぺ 血のこと!

まほ えーケチャップじゃないんだ。

あおぺ 学校で、友だちにエンピツが刺さって、血がぶっしゃー! ってなって、デミグラスソースぶっしゃー! って言うようになった。

まほ よくわかんないけど(笑)。

あおぺ あと、Rくんがね……。

まほ 島根の思い出ね……うんうん。

あおぺ お昼のときに、一緒に出てきたかぼちゃスープをすき焼きの卵と間違えて、肉をかぼちゃスープにドボン!

まほ あ〜。

あおぺ で、食べてオエー! ってなってた。

まほ 相性は良くなさそうだけど、そこまで危険な組み合わせでもないよね？

母 マズー！　って叫んでたわよね（笑）。

まほ 思ってたのと違うものが口に入ると、たしかにビックリしますよね。

母 あと、Jくん。ありがたいことに、本当にあおぺのこと大好きと言ってくれていて。

あおぺ ご飯のとき、Jくんがオレのぶんまで盛ってくれる。

まほ すごい！

あおぺ オレがお母さんに怒られると、お母さんにデコピンするの。

まほ そりゃ愛されてるね〜。

あおぺ 愛が、のしかかってきた。

まほ （笑）。

そんなあおぺの将来の夢は……。

あおぺ 研究者か、宇宙飛行士か、考古学者。

まほ なれそう。

あおぺ ちょっと前まではトラック運転手。

まほ あれ、全然違う（笑）。じゃあ、妹にはどんな大人になってほしい？

あおぺ あーたん？

まほ そう。アイドルとか、先生とか……。

あおぺ いや、あーたんは好きなように生きれ

ばいい。

宿題や課題をキチンとこなすあおぺの「好きなように生きればいいい」にはなんだか重みがありました。

あおぺ、どうやら取材を楽しんでくれたようで、この日の夜「なんて幸せな日だったんだろう」と、言っていたそうです。

そういえば、わたしの子どものころにも、そんな気持ちになった日があったことを思い出しました。どんな出来事があったのかは、忘れてしまったけれど。

おしえて！ その後のコドモたち

インタビューを読み返した、あおぺの感想は「恥ずかしい。完璧無敵なんて今は言えない」とのこと。中学受験をして、このころの友だちとは進路が分かれてしまったのであまり遊ばなくなってしまったそうですが、学校に面白い友だちがたくさんできて、友だちと遊ぶ時間がいちばん楽しいんだそうです。今のあおぺにとって「簡単じゃないから楽しいもの」はピアノとクラリネットの演奏、テスト、人づきあい……そして鬼ごっこ。中２になっても鬼ごっこ、するんですねえ〜。

no.3 しっかり者な10歳の女の子、お父さんには手厳しい!?

はーちゃんと待ち合わせたのは、吉祥寺のカフェ。お店に入るとすぐ、おそろいのベレー帽をかぶった親子が目に飛び込んできました。それが、はーちゃんとお母さん。めがねをかけて、ふたりが着ているワンピースのデザインも似ています。まるで双子のキャラクターみたい。持っているカバンもアンティークのギターケース風だったりして、こだわりを感じます。

はーちゃん（10歳）

2017年11月取材

優柔不断なおしゃれさん。

まほ　おしゃれだね。洋服は自分で選んでるの？

はーちゃん　いいえ。この人……お母さんが。

母　わたしがだいたい自分の好きなものを用意してますね。

はーちゃん　趣味が合うの。

まほ　性格はどう？　お母さんと似てる？

はーちゃん　うーん……この人……お母さんは、

学校で発表とかしないタイプ。わたしはするタイプ。

まほ　人前に出るの苦手なんですか？

母　得意ではないですね。はーちゃんの性格……誰に似たんだろうね？

はーちゃん　お父さんとは、忘れ物をすぐするところが似てる。

まほ　なるほど。

はーちゃん　今日も給食袋を持って帰ってくるの忘れて、帰り道の途中で引き返した。あ！お母さんとは方向音痴が似てますね。

母　ピアノの教室には2年半通っているけど、道覚えたの最近だもんね。

まほ　それは時間かかりましたね（笑）。

はーちゃん　パッと思いついたらその方向に歩いちゃうの。

まほ　わたしも方向音痴だからわかるな。「こっちだ！」って変な確信があって、そのとおりに行くとだいたい間違ってる。

はーちゃん　…あとは、優柔不断。

まほ　それもわかるなあ。

はーちゃん　だから、服選ぶのも時間かかるし……あと、味の感想を言うのが苦手。

まほ　どういうこと？

はーちゃん　ご飯食べてて、「どう？」って聞かれると、なんて言っていいのかわかんなくて困る。

まほ　「美味しい」とかでいいんじゃない？ねえ、お母さん？

母　はい（笑）。

はーちゃん　でも、それだけじゃ……美味しい、不味いは基本だから。もっと細かく言わないと……って思うとテレビのアナウンサーみたいなコメントになっちゃう。

まほ　食レポだ（笑）。

はーちゃん　「まろやかで〜」とか、「この甘みが……」とか……。

まほ　気を遣うタイプなんだね〜。

はーちゃんのお父さんは役者さん。仕事でいろんな職業、いろんな人物になるお父さんのこと、どう思うのでしょうか？

まほ　お父さんが悪〜い人になっていたり、誰かのお父さんになっちゃってたりすると、フクザツじゃない？

はーちゃん　全然！　仕事だもん。

まほ　あ、そういうモンなんだ。

はーちゃん　うん。劇中は、かっこいいと思う。

まほ　そうか。お父さん、うれしいね。

はーちゃん　でも、家に帰ったら即！　かっこ悪い。

まほ　えー可哀想（笑）。

はーちゃん　Ｔｗｉｔｔｅｒとかでは良いお父さんを演じてる。

まほ　わーそんなのチェックされてるんだ！

はーちゃん　演じてちゃ、ダメなんですよね〜。

まほ　ははは！　はーちゃん、手厳しいねえ。

はーちゃん　こういうこと言うと、「親に恥かかせるなよな〜」とか言うんだよ。

まほ　そこまで見破られてる。

しっかりしているはーちゃん。最近の興味は「医療」……、そして……？

はーちゃん　『総合診療医ドクターＧ』で観たんですけど……。

まほ　テレビ番組？　浅草キッドが出てるＮ

ＨＫのやつかな？

はーちゃん そう。ＩｇＧ４関連疾患っていうのがあって……。

まほ あいじーじーふぉー？　どんな病気なの？

はーちゃん ＩｇＧ４っていう種類の細胞があって、それが目とか唾液腺とかに異常に集まっちゃって、それでめまいとかいろんな症状が出る。

まほ 難しいなあ……。

はーちゃん あと、傍腫瘍性辺縁系脳炎《ぼうしゅようせいへんえんけいのうえん》。

まほ それはなに？

はーちゃん 例えば、身体のどこかに腫瘍ができると、それを免疫細胞が攻撃するんだけど、脳腫瘍と脳の正常な細胞は同じものでできてることもあるから、免疫細胞が腫瘍と間違えて正常な細胞を攻撃しちゃって……。

まほ で、どうなるの？

はーちゃん 熱が出て、急に暴れ出したり、する。

まほ 怖いね……。狂犬病みたいな感じ！

はーちゃん そう！　狂犬病！

今いちばん興味があるのは……!?

「狂犬病」と聞いて、はーちゃんの目がキラーンと輝くのがわかりました。

はーちゃん わたし、細胞のほかにも、ウイルスにも興味があって、調べたら、狂犬病ってすごく怖いなって思ってた。

まほ 水が怖くなるんでしょ？　すっごくホラーなウイルスだよね……。

はーちゃん そう（さらに目がキラキラ）！　恐水病。光も怖くなる。で、これもプラスしたいんですけど「ローデシアトリパノソーマ」っていう寄生虫がいて……。

まほ　？？？　ろーでしあ？

はーちゃん　ローデシアトリパノソーマ。これが身体に入って進行すると、刃物を持って暴れたり、自分で掘った穴に飛び込んで自殺しちゃったりする。

まほ　自分で掘った穴？　掘っている間に正気取り戻したりしないわけ？　怖い～。そして、はーちゃん詳しすぎる。

はーちゃん　「エキノコックス」についても言っておきたいんですけど。

まほ　どうぞ（笑）。

はーちゃん　寄生虫には、無鉤条虫《むこうじょうちゅう》や有鉤条虫《ゆうこうじょうちゅう》などがありますが、例えばエキノコックスの怖い症例が。

まほ　お願いします。

はーちゃん　ある女性が妊娠して、いつまで経っても赤ちゃんが産まれないから、おかしいなと思って病院に行って、開腹したら……。

まほ　ドキドキ……。

はーちゃん　ブッシャー！

まほ　え？　何が？　梨汁？

はーちゃん　エキノコックスがお腹の中で膨れ上がってた。

まほ　え？　赤ちゃんは？

はーちゃん　赤ちゃんだと思ってたのが、エキノコックスがずっとお腹の中でブンレツしてた。

まほ　えー（笑）。そんなことある～？　途中でわかるんじゃないの？　ホントに？

はーちゃん　ホント！　ホント！　寄生虫学者の本に書いてあったの！

まほ　難しい本読んでるんだね……！

母　図書館行っても、児童書じゃなく、医

療書のコーナーに直行で……。

はーちゃん（ニコニコしながらうなずく）その飛び散ったエキノコックスが、お医者さんの口の中に入ったらしいんだけど……。

まほ　ぎえ〜。
はーちゃん　しょっぱかったらしい。
まほ　キモい！　キモすぎる（笑）！
はーちゃん　うふふふふ（笑）。あと、最近話題になった「アニサキス」。
まほ　南海キャンディーズの山ちゃんがなったやつ！
はーちゃん　あれが話題になってから、お刺身はドロドロになるまで噛むようになった。
まほ　そうすれば大丈夫なの？
はーちゃん　うん。アニサキスは加熱するか、すり潰せば死ぬから。
まほ　そうなんだ〜。漬けじゃダメ？
はーちゃん　ダメ。醤油や酢、梅干しも効果ナシ。あと、歯ですり潰してもアニサキスにアレルギーを持つ人は反応しちゃうから、要注意。
まほ　なんだか、感動しちゃう。本当によく知ってるね。

はーちゃん　あとは「ボルボソーマ」。カエルに寄生したりするんだけど、もうすぐカエルになりそうなおたまじゃくしのエラから入り込む。

まほ　この話、タピオカミルクティー飲みながら聞けないかも（笑）。

はーちゃん　今年の自由研究は、寄生虫をテーマにした。オススメの特集でアニサキスを取り上げたんです。

まほ　先生はなんてコメントするの？

はーちゃん　「自分のオススメが書かれていて、素敵ですね」って。

まほ　はーちゃんは寄生虫を学問とホラー、両方の面から楽しんでいる感じだねー。

小4らしいところも、あります。

まほ　将来は、お医者さんになりたいんだよね……？　やっぱり。

母　意外とコロコロ変わるんですよ。

まほ　あ、そうなんですか？

母　おもちゃデザイナー、絵本作家、小説家……。

はーちゃん　で、今はお医者さん。

まほ　でもさ、今すぐにでもお医者さんになれそうだよ。

はーちゃん　いやいや、なれない。基本と専門はわかるけど、応用ができない。

まほ　もう、その自己評価にため息。塾とか行ってるの？

はーちゃん　行ってないです。

まほ　行ってないんだあ。習いごとは？

はーちゃん　ピアノと、水泳、バレエ。

まほ　宿題はちゃんとやってる？

はーちゃん　しぶしぶ。

まほ　(笑)。好きなアイドルとかいるのかな？

はーちゃん　そういうのには……興味あんまりない。

母　テレビでアイドルグループを観ていて、「この中で誰が好き？」って聞くと嫌がるんですよ。

まほ　そういうの、好きじゃないんだ。

はーちゃん　好きじゃないというか……選べない。誰かを選んだら、ほかの人が可哀想になってくる。

まほ　へえ！　面白いね。

はーちゃん　友だちとかも、いちばん仲良しとかも選べない。

まほ　気を遣う性格なんだね。

はーちゃん　自分の性格からしたら、ひとりっ子で得した感じ。

まほ　なんで？

はーちゃん　ひとりで遊ぶのも好きだから。

まほ　妹や弟がいたら、絶対それは無理だもんね。

はーちゃん　あ、最後に小学生らしいこと言ってもいいですか？

まほ　(笑)。どうぞ。

はーちゃん　ゲームが好きです！

まほ　ははは！　そうなのね。何やってるの？

はーちゃん　3DSで『すみっコぐらし』、『どうぶつの森』。

まほ　たしかに小学生らしい。面白い？

はーちゃん　おもしろい〜。

まほ　わたしも〝ぶつ森〟やってた。通信で知らない人の家見るのとか。

はーちゃん　通信はやってない。ダメってことになってるの。

まほ　ああ、そっかそっか。

はーちゃん　あ〜まだ話し足りない！

まほ　続きは帰りの電車で聞きます（笑）。

と、いうわけで、電車の中でもずっとおしゃべりしていたはーちゃんでした。

おしえて！その後のコドモたち

現在カタツムリを40匹飼育中（！）というはーちゃん。インタビュー後、寄生虫だけでなく生物全般にも興味が広がり今では立派な生物オタクに。もうおそろいの服を着ることはなくなりましたが、好きなPOLYSICSのバンドT以外はお母さんが選んだ服を着ています。ウイルスにも引き続き関心が高く、「新型コロナウイルスは症状にバラつきがあるため油断しやすい非常に怖い感染症。疫学だけでなく社会的、心理学的観点からも考えなくては」と語ってくれました。将来は生物系の研究者を目指しているそうです。

no. 4 性格が対照的な兄と弟のオモシロイ関係。

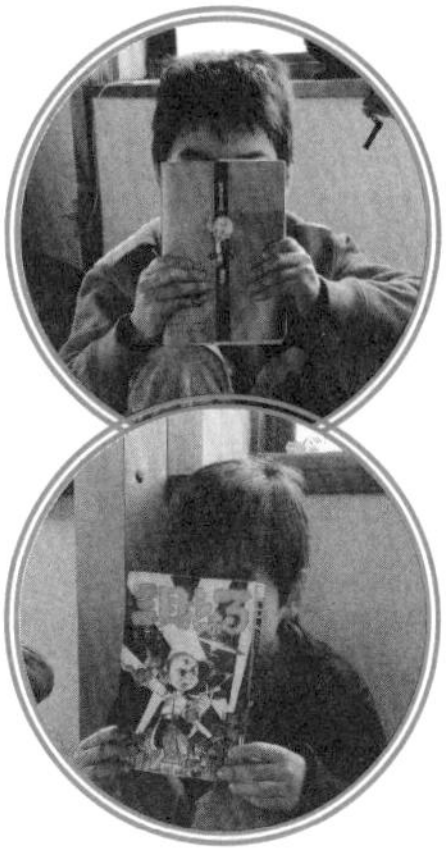

すうくん（11歳）
むくくん（8歳）
2018年1月取材

京都・下鴨の御蔭通《みかげどおり》と下鴨本通の交わる場所にある、小さな2階建てのカフェ。名前は「yugue（ユーゲ）」。地元の人たちから「ユーゲさん」と親しまれているこの店のご主人には、ふたりの息子がいます。小学5年生のすうくんと2年生の弟むくくん。今回は、その「ユーゲさん」でふたりの兄弟にインタビューしました。

店の2階にある座敷に腰を下ろし、さっそくすうくんに話しかけました……が、モジモジしてなかなか口を開こうとしません。人見知り、発動中。

好きな食べ物、嫌いな食べ物。

まほ 「すう」ってどんな漢字書くの？

すう ……（モジモジ）。

まほ す……「素」とか？

すう ……（モジモジ）。
まほ ちがう？
すう ……（モジモジ）。
編集 ……「吸」って漢字らしいですよ。
まほ へえ〜！　「吸」珍しいねえ。

「カチャン！　カチャン！　カチャン！」
素早い手つきで大きな音を立てながらみんなにお皿とフォークを配ってくれているのは、すうくんの弟、むくくんです。

まほ 「むく」はどんな字？
むく アッチむく、コッチむく、の「む」！
まほ あっちこっち……ああ「向」か。
むく そう！
母 ケーキどうぞ。
すう むく、コレよけなあかんやつや。
むく よけるって何？
すう 嫌いやん、バナナ。
まほ ああ、避《よ》けるね。嫌いなの？　バナナ。
むく イヤ。
まほ ほかにもある？
むく いちじく、メロン。
まほ えー、メロン嫌なんだあ。じゃあ、好きな食べ物は？
むく 生ハム！　好き！
まほ いちじくにもメロンにも合うんだけどな（笑）。すうくんは嫌いな食べ物あるの？
すう ……レバー。きもちわるい。
むく オレ、蟹好きー！
まほ お、むくくん積極的（笑）。わたし、蟹は殻を取る作業が面倒くさいなあ。
むく （殻を取るジェスチャーをしながら）こうやって、こうやって、こうやれば簡単やで。

おじいちゃんに教えてもらった。

まほ　今度やってみる（笑）。

ところで、お母さんがちゃぶ台に並べてくれたケーキたちはどれもすごく美味しそうです。木の実が入っていたり、アップルからシナモンのいい匂いが香っていたり。ケーキ選びにもお母さんのこだわりを感じます。

すう　これがアップル、これがバナナ、キャロットケーキ、ピーカンナッツ……。

まほ　ピーカンナッツ知ってるんだ……！　さすが「ユーゲ」の息子。

むく　美味しい～（フォークを使わずお皿からモグモグ）。

まほ　ワイルドだね～……。あれ？　髪の毛コゲてない？

むく　……（モグモグ）コゲてるで！

まほ　燃えたの？

むく　いいやん、べつに。

すう　……フフフ。ローソクでやったんやで。

むく　うるさい。言うな。

まほ　ローソクって仏壇かなんかかな？

母　クリスマスで出してたローソクに……。

まほ　え～、変な臭いしたでしょ。怖くなかった？

むく　こわくない！

まほ　というか、むくくん、フォーク使って食べたら？

むく　イヤや。

兄・すうくんの秘密。

くったくない弟に押され気味の兄すうくんですが、大好きなものがあります。それは落語。昨日も高座を観に行ったそうです。

まほ 昨日はお目当ての落語家さんが出てたのかな？

すう ちがう。

むく おもしろかった!!!

まほ あ、むくくんも一緒に行ったんだ。

すう ……落語やってるよって、友だちが教えてくれた。

まほ 友だちもすうくんが落語好きなの知ってるのね。落語の高座って、昼にやってるの？夜？

すう ……。

母 それは、観に行くほうですか？それとも高座に上がるほう？

まほ え？すうくん、落語観るだけじゃないんだ？

すう ……うん。

まほ まさか、高座に上がっているとは……。

母 よく行く飲み屋さんのマスターが素人落語の会を開いていて……そこに参加しているんです。

まほ すごい！名前は？

すう ……和朗亭《わろうてい》すう。

まほ むくくんもやってるの？

むく やってない。イヤ。

まほ えー、こんなに前に出るタイプなのに。

むく みんなの前に出た瞬間、ププーッて笑っちゃう。

まほ　すうくんは人前に出るの、平気なんだ。

すう　（うなずく）

母　出演直前でも人の演目観て笑ったりしてます。

まほ　余裕だね。すごい。むくくん、お兄ちゃんの落語観れるなんて、いいね。

むく　イヤ。

まほ　……なんで？

むく　間違えるからイヤ。

まほ　あ、ハラハラしちゃうんだ。

むく　うん。

まほ　間違えないか心配であんまり集中できないのね。

むく　そう。

まほ　お兄ちゃんは余裕なのに（笑）。すうくん、レパートリーは？

すう　まんじゅうこわい、たいらばやし、じゅげむ……。

まほ　むくくん、すうくんの落語の感想は？

むく　声が小さい。

すう　なんや、自分でやってもいいひんクセに。

兄弟で違う、サンタさんへのリクエスト。

大人しいけれど、高座に上がるのも怖くないすうくんと、一見物怖《ものお》じしないように見えて、兄の舞台はハラハラして見ていられないむくくん。サンタさんにお願いしたプレゼントも対照的。

まほ　むくくん、クリスマスにはなんのプレゼントをお願いしたの？

むく　ふふふふふ……。

まほ　何？　面白いもの？

むく むふふふふ……。

まほ それ、もらえたの？

むく もらえなかった。

まほ 買えるもの？

むく ふふふ……買えない。

まほ なんだろう……タイムマシーン？

むく ドラえもん。

まほ ドラえもんかー。それは無理だなあ。

すう あとふたつあるやろ。「それかー、それかー」って言うてたやん。

むく ふふふ……言うな！（すうくんを蹴る）

母 これ！　やめなさい！

まほ なんだろう……。

むく ふふふ……ハリー・ポッターの杖。

まほ それは無理だわー！

むく それかー、超能力使えるようになる薬。

まほ 努力したくないタイプなの（笑）？　じゃあ、初詣でもたくさん願いごとしたんじゃない？

むく しない（キッパリ）。

まほ えっ、そこはしないんだ……。

すう むくはお参りはしてもお願いごとせえへん。

むく 叶わんもん。メンドクサイ。

まほ ふむ……。すうくん、クリスマスのプレゼントは？

すう 水の中で写真を撮れる潜水艦ラジコンカメラ頼んだ。

まほ お～。具体的でサンタさんもホッとしただろうねえ。

すう もらったのは結局ふつうのカメラやったけど。

むく ねえ！　オレ、生き物の中で、好きなのは、鳥！

まほ　唐突すぎる（笑）。

オモシローイ、兄と弟の関係。

まほ　ふたりの理想の1日とかってある？
すう　う〜ん（首をかしげる）。
むく　オレは世界中旅行。そんで、レゴで遊ぶ。
まほ　やりたいことの規模に差がある（笑）。好きなテレビ番組は？
むく　ポケモン。
母　『世界の果てまでイッテQ！』も好きよね。
むく　お母さんがあんまり観せてくれへん。
すう　むっちゃ観てるやん。
むく　観てんの土・日・月・金だけや！
まほ　映画とかは？
むく　『スター・ウォーズ』と『ハリー・ポッター』！
すう　ビビってるクセに。
まほ　『スター・ウォーズ』と『ハリー・ポッター』のハラハラするシーンに？
すう　めっちゃビビりながら観てる。
むく　べつにいいやん。
まほ　ビビるけど、面白いんだね。
すう　「もう無理ー！」言いながら観てる。
むく　でーんせーつのーコッペパンーコッペパンー♪（ダース・ベイダーのテーマに合わせて）
まほ　なにそれ？
むく　学校で流行ってんねん。コッペパンーコッペパンー♪
まほ　いいね、それ（笑）。ゲームもやったりする？
むく　やる。

すう　ゼビウス。

まほ　ファミコンだ（笑）。

母　すう、明後日、高座なんですよ。

まほ　えー！　そうなんだ。東京に帰っちゃってるなあ……。学校の子たちは、観に来るの？

すう　来ない。

まほ　でも、やってることは知ってるんでしょ？

すう　知らん。

まほ　内緒にしてるんだ……！　でも、SN

Sとかもあるし……いつか聞かれるんじゃない？

すう （首を振る）

まほ 「すうくん、落語してるやろ～」とか言われるかも？

すう （激しく首を振る）

まほ 「和朗亭すうってすうくんのこと？」とかさ。

すう そしたらごまかす。

まほ 認めないんだ。

すう バレても知らんって言う。

まほ むくくん聞かれたらどうする？

むく （ニヤニヤしながら）言わない。ごまかす。

すう 絶対うそや～。

むく 言わんて。

すう ぜっっっったい言う～。

むく 信じないなら言うで。

まほ むくくん、賢い（笑）。むくくんも何かやればいいのに。

むく やらへん。サッカーとゲームしか、やらへんで。

取材後日、むくくんが撮影したすうくんの高座の動画が送られてきました。すうくん、枕からどっかんどっかんお客さんを爆笑の渦に巻き込んでいきます。

「なんとワタクシ、今年戌年《いぬどし》でございまして……。まあ、ワタクシも大の男ですので……。あんな若くて気だての良いヨメさんなかなかいまへんからなあ……」

大人顔負けの堂々とした落語！ あまりにも立派で、何度も動画を観ているうちにあることに気づきました。すうくんが言葉につまると、撮影をしているむくくんが、聞こえないほどの小さな声で「いぬどし！　いぬどし！」と、次の台詞を呟いているのです。まったくタイプの違う11歳と8歳の兄弟だけど、お互いを支え合っているんだなあ。

おしえて！　その後のコドモたち

お兄ちゃんのすうくんが上がる高座をハラハラと見守るむくくん、そんな兄弟愛に胸を打たれたインタビューでした。落語に夢中だったすうくんも今や受験生。部活の野球が忙しく、落語家活動は休止中ですが、ラジオで演芸番組はよく聴いているんだそうです。最近ではイラストを描き始めて、初個展も果たしたとか！　一方、むくくんは変わらずいちじくとメロンが苦手。横着な性格も変わらず、とお母さん談でした。

日本の食べ物が大好き！フランスの小学生事情。

no.5

レナちゃん（10歳）

2018年1月取材

今回登場するレナちゃんのお母さん、アヤさんとわたしは高校時代の同級生。アヤさんは大学生で北アイルランドへ留学、そこでフランス人の青年デビィと知り合います。卒業後ふたりでフランスへ移り住み、25歳で結婚。その2年後にレナちゃんを授かるのですが、ちょうどアヤさんの妊娠がわかった直後、わたしは仕事で訪れたパリでふたりに会っています。２００７年、フランス大統領選の真っ只中でした。パリのカフェに集まったデビィの友人たちは選挙の話で持ち切り。イデオロギーの相違もお互い理解したうえで意見をぶつけ合っていてその意識の高さを目のあたりにしたわたしはカルチャーショックを受けました。そんななか、デビィがアヤさんの妊娠をみんなに伝えると、論戦を一時中断して新しい命に乾杯で祝福。とても幸せそうだったふたりを今も思い出します。

あれから10年。レナちゃんは弟と妹がいるお姉さん。家族でデビィの実家があるブルターニュに住んでいます。日本で休暇中のところ、インタビューさせてもらいました。

母 レナ、何食べる？

レナ （メニューを見ながら）これ、ナニ？

母 わらび餅。

レナ ウエにのってるのは……？

母 きな粉。

まほ きな粉わかる？

レナ （首を横に振る）

母 わらび餅、この前パパが食べてたよ。

レナ ああ、WARABI-MOCHI……。

まほ 日本語は読めるの？

母 読めるけど、カタカナが難しいみたい。漢字は日本の小1くらいのものまでを習ってる。

レナ （お母さんを見て）Quarante-six……。

母 漢字は46文字くらい書けるって。

日本に来たら、まず「何食べよう？」。

幼少期からお母さんとは日本語、お父さんとはフランス語でコミュニケーションしてきたレナちゃん。日本語も理解できるし、話すこともできます。でも、とっさに出てくるのはやはりフランス語。月に1回、近所で開かれている日仏ミックスの子どもたちのための日本語教室に通っているそう。教えるのは、それぞれの親。持ち回りで担当するんだそうです。大人は大変ですね～。

店員 わらび餅、お待たせしました。

レナ いただきます！

まほ　おー「いただきます」、言うんだ！

レナ　家でも言ってる。

まほ　フランス語にはないよね？「いただきます」。

レナ　「Bon appétit!」かな？

まほ　ボナペティ、か！

母　ただ「Bon appétit!」だと「さあ、みんなで美味しく食べましょう」っていう意味に近いかもしれない。食べる合図みたいな。

まほ　ナルホド。

母　だから、家では感謝の意味も含まれている「いただきます」を使ってる。

まほ　う〜む。教育って文化を教えることでもあるんだなあ。レナちゃん、わらび餅、美味しい？

レナ　（モグモグ）……うん。

まほ　日本、好き？

レナ　大好き。

まほ　じゃあ、来るの楽しみだね。

母　今回5年ぶりだしね。

まほ　日本に来たら、まず何をしたいって思う？

レナ　（モグモグ）……ふふふ。タベルこと。

まほ　食べ物か！

母　フランスで「日本に行ったら、いちばん最初に何食べる〜？」ってワクワクしてたもんね（笑）。

レナ　ウン。ふふふ（照）。

まほ　で、何が食べたいの？

レナ　うどん。

母　東京に来て、まずデニーズのうどん食べたのよね。

まほ　でも、うどんならフランスでも食べられそうな気がするけど……？

レナ　うーん、ダケド本物じゃない。
母　ブルターニュは田舎だしね。日本ではいつどこでも食べるのに困らない。それが素晴らしく便利。
レナ　ソウメン、ラーメンも好き。
まほ　麺類好きなんだね。
母　フランスだと、サッポロ一番がごちそう。
レナ　メロンパンも好き！
まほ　菓子パン（笑）。フランスにも美味しいパンたくさんありそうだけどね（笑）。
母　日本に来て何個食べたっけ？
レナ　Deux……2コ。
母　コンビニのはイマイチだったたって、納得いかなそうにしてました（笑）。
まほ　ブルターニュで美味しいものは？
レナ　Crêpes（クレープ）。ブルターニュといったら、Crêpes、おいしいよ！

フランスの小学校ってどんな感じ？

まほ　レナちゃんは今、何年生なのかな？
レナ　5年生。
母　フランスでは、5年生が小学校の最高学年。
まほ　その後は？
母　中学が4年、高校が3年。その間、受験もないから、いわゆる受験勉強みたいなものは基本しないかな。
まほ　いいな〜！
母　バカロレアっていうセンター試験みたいなものが大学に入る前にあって。それを受けて大学生になるっていう感じ。
まほ　あー高校時代思い出すなー。
母　ねー。

レナ マホとママは……。

まほ 高校が一緒。

母 ママたちは勉強、あんまり好きじゃなかった。マホちゃんは授業中、寝てたよね。目を開けながら。

まほ そう(笑)。目が閉じないの。授業中の居眠りなんて自慢できる話じゃないけど……。レナちゃんは勉強好き?

レナ 好き。

まほ おお! それは良いねえ。好きな科目は?

レナ ?

まほ 科目……国語とか、算数とか。

レナ アア、レキシ。

まほ 歴史ね。日本でも小学生のうちに勉強するっけ?

母 したよ。

まほ　まっったく覚えてないなあ。フランスの歴史って、どんなことするんだろう。

レナ　フランス、ヨーロッパのレキシ……。アト……（フランス語でお母さんに話す）……。

母　アフリカの奴隷制度とか、産業革命を習ってるって。

まほ　苦手なのは？

レナ　Géographie。

母　地理。

レナ　チズの読み方が、むずかしい。

母　向こうでは「日本の人口って何人？」とか、「面積はどれくらい？」とか普通の会話で聞かれたりする。

まほ　そんなのとっさに答えられないかも。日本に来ている間は、宿題やったりしてるの？

レナ　ウン。フランス語（国語）、サンスウ、そろそろ終わる。

まほ　エラいね～。

母　割り算の計算の仕方が全然違うから、教えるの難しい。

レナ　ダイジョウブ。簡単だから。

まほ　頼もしい！　学校で何が流行ってるのかな。人気があるおもちゃとか。

レナ　ハンドスピナー。

まほ　一緒（笑）！

母　でも、最近すたれてきてるって言ってなかった？

レナ　ウン、ちょっと前に流行ってた。

まほ　それも一緒（笑）。

レナ　コマも流行ってる。

まほ　回るものが好きなのかな（笑）。レナちゃんは、何をするのがいちばん好き？

レナ　サッカー、ピアノ、あと、走る、もスキ。

まほ　サッカー習ってるの？

レナ　習ってない。

母　わたしたち夫婦はサッカー苦手で。

まほ　え！　そうなの？

母　観るのも苦手。相当なことがない限り、観ない。

まほ　えー、レナちゃん寂しくない？

母　サッカー習い始めると週2〜3日は練習に行かなきゃいけないし、週末も潰れたりするし。

まほ　ああ、それはきっと日本でもそうだね。

母　「ウチはそういうの、しません」って言ってある。

まほ　じゃあ、レナちゃんはどこでサッカーしてるの？

レナ　学校で、友だちと。

母　男の子の友だちばっかりよね。

レナ　イマは、オンナノコの友だちもいるよ。

まほ　なんで男の子の友だち多いの？

レナ　アー（少し考えて、フランス語でお母さんに話す）。

母　男の子と遊ぶほうが楽なんだって。

まほ　女の子と遊ぶのは苦手？

レナ　（フランス語でお母さんに話す）

母　女の子は喧嘩が多いらしい。

まほ　へー。でも、男の子だって喧嘩するでしょ？

レナ　（フランス語でお母さんに話す）

母　男の子は喧嘩してもすぐ忘れるって。

まほ　なるほどね。

母　女の子はすぐアノ子好き、コノ子嫌いって話を始めるって。

まほ　たしかに、人間関係で悩むより外でサッカーしているほうが楽しいね。

母　レナのそういうところ、良いよ。

レナ（ニッコリ）

まほ じゃあ、サッカーの試合とかテレビで観たいときはどうするの？

母 そもそもウチにテレビが、ない。

まほ そうなんだ！ それって、珍しいんじゃない？

母 そうでもないよ。

レナ いや……メズラシイ、よ？（チラッとお母さんに視線を送る）

まほ 目でアピール（笑）。

母 サッカーはよっぽどのことがないと……、決勝のときとかはインターネットで観てもいいよって言うかな。あとは友だちの家に観に行ったり。

まほ 本当に苦手なんだねえ（笑）。

母 親がわがままなの（笑）。

アヤさんたちのサッカー嫌いはたしかに頑固ですが、レナちゃんは特に気にしていない様子。彼らを見ていて、親が自分たちの主張を通すことも悪くないのでは、と思いました。そういうクセのあるお父さんお母さんのもとで育つと、子どものサバイバル能力が高まるかもしれない。自分も、あまり子どもに合わせすぎなくていいんだな、と考えたりしました。

フランス人だけど、学校では日本人。

まほ 将来の夢は？

レナ Archéologue。

母 考古学者。

まほ かっこいいな〜。歴史好きだしね。

母 歴史の先生にもなり

たいのよね。

まほ　日本に住むっていうことは？　考える？

レナ　ウン。住みたい……。

まほ　じゃあ、日本で先生に……。

レナ　日本の人たちに、フランスのレキシ、教えたい。

まほ　レナちゃんは自分がフランス人だと思う？　日本人だと思う？

レナ　フランス……デモ、学校にいるトキは……日本人。

まほ　それは……？

母　周りと全然見た目が違うもんね。

まほ　そうかー。

母　クラスの写真見ると、一目でわかる。イヤな思いをすることもあるみたい。

レナ　（フランス語でお母さんに話す）

母　同学年のクラスではそんな気持ちにはならないって。

レナ　ウエの……クラス……。

まほ　ああ、上級生から、何か言われたりしたんだ。

母　「あなたのお母さん、なんであんなに顔がのっぺりしてるの？」って聞かれたりしたこともあるんだって。

まほ　ストレートだなあ。

レナ　デモ、もうダイジョウブ。

母　レナがいちばん上の学年だもんね。

まほ　なるほどね。日本の文化に興味は？

レナ　JUDO。習ってた。

まほ　教えるのは？

母　フランス人。

レナ　「はじめ！」が「アジメ！」だった。ふふふ（笑）。

まほ　フランス語訛りなんだね（笑）。

レナ　ヤミィ、マティ、イッポスウォイナギィ（笑）。

まほ　止め、待て……、最後のは？

母　イッポスウォイナギィ（笑）。

まほ　「一本背負い投げ」か（笑）！　ほかには？　アニメとか、マンガとか……。

レナ　マンガは、読まない。アニメは……『KUBO／クボ　二本の弦の秘密』が面白かった。

母　ほら、あとアレ。なんだっけ。レナが好きなふたり組……。

レナ　RAHMENS！

まほ　ラーメンズ!?

レナ　ダイスキー！

まほ　へえー！

母　YouTubeに日本語学校のネタがあって、それをよく観てる。

レナ　シンバシ！

まほ　そういう台詞があるのね（笑）。

母　日本語の勉強になってる。

レナ　ダイスキ～（うっとり）。

まほ　わたし、片桐さんとは面識あるよ。メンシキ……えーっと、知ってる……お友だち……かな。

レナ　ドッチ？

まほ　モジャモジャのほう。

レナ　えー！　ホント！　スゴイ！　Elle a de la chance！

まほ　何？

母　まほちゃん、ラッキーだねって。

まほ　うん、レナちゃんに喜んでもらえてさらにラッキー（笑）。

レナちゃん、最後に「モジャモジャに、会いたいー！」と叫んでいました（笑）。でも、片桐さんとは会ったら挨拶はするけど、携帯番号は知らないの。「お友だち」はちょっと言いすぎだったかも。レナちゃん、Je suis désolée（ごめんなさい）！

おしえて！ その後のコドモたち

インタビューを読み返して「恥ずかしい」というレナちゃん。今は女の子の友だちもたくさんできたそうです。当時、お母さんにフランス語で聞き返したことにも、「こんなに日本語が話せなかったんだ……」と、驚いたとか。日本語が上手になったんですねー。コロナ禍でしばらく日本には来られていないそうで、「日本のパン屋さんとコンビニ、秋葉原に行きたい！」と話してくれました。漫画やアニメが好きで『進撃の巨人』と『BANANA FISH』にハマっているんだって！

no.6 イマドキの小学生姉妹の遊び場はどこ？

　ツムちゃん・コズちゃん姉妹と待ち合わせたのは、埼玉県川口市にある大型ショッピングモール。建物の前には芝生の青が眩しい公園が広がっていて、たくさんの子どもとその家族たちが休日を満喫していました。

　白いベンチでふたりを待っていると、お父さんの左にツムちゃん、右にコズちゃんが手をつないでこちらへ歩いてきました。ちょうどお昼時でお腹が空いていたわたしたちは、フードコートへ直行。ラーメン、ハンバーガー、ステーキ、とんかつ、たこ焼き、餃子、天ぷら、パスタ……。とにかく店の多いこと！　看板を見ているだけでクラクラしそうです。ここにも人・人・人。アンパンマンやピカチュウ、トーマスのカートに乗った子どもたちが、それを押す大人の絶妙なコントロールによりテーブルとテーブルの合間をぬって移動しています。トレ

ツムちゃん（8歳）
コズちゃん（6歳）
2018年4月取材

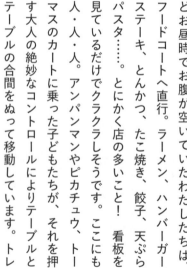

イに目一杯の飲み物と丼を載せて運ぶお父さんのバランス感覚もなかなかです。休みの日は休みの日でみんな忙しそうだ……！

誕生日のプレゼント、何が欲しい？

注文をツムちゃんとお父さんに任せて、妹のコズちゃんは席で待つことにしました。初対面でドキドキしつつ……、つい先日小学校の入学式だったというコズちゃんに聞きました。

まほ　コズちゃん、小学生になって、どう？

コズ　うーん。

まほ　楽しい？

コズ　うーん、つまんなーい。

まほ　ええ？　お友だちはいるんでしょ？

コズ　いるよぉー。

わたしに背を向けて、ポーチの中のカードで遊びながら答えるコズちゃん。ちょっとかったるそうに答える様に大物感があります。ムッチリしたお手手でポーチのファスナーを開けたり閉めたり。

まほ　お母さんはおうち？

コズ　うん。

まほ　今、何しているのかな？

コズ　わかんなーい。

まほ　そのカードって、なに？

コズ　アイカツ。

まほ　これがアイカツか……。お誕生日プレゼントでもらったの？

コズ　ちがう。たんじょうびまだもらってない。

まほ　そうなの？　お誕生日いつ？

コズ　……（しばらく考えて）12がつぅーにじゅううぅ〜くにち！

まほ　もう4か月以上経ってるじゃん！　いいの？

コズ　欲しいものなくてぇー。

まほ　あるでしょう？　それこそアイカツとか。

コズ　うーん。自転車とか買いたいんだけどさぁー。

まほ　頼んだの？

コズ　（Nintendo）Switchも欲しくてさぁー。

まほ　欲しいものあるじゃん。

コズ　〝すぷらとぅーん〟やりたくてー。

まほ　それもお願いしたらいいのに。

コズ　うーん……。

まほ　……じゃあ、話戻すけど……、このアイカツのカードは何をするものなの？

コズ　げーむ。『アイカツスターズ！』と『アイカツフレンズ！』ってのがあってぇ。

まほ　あるんだ。

コズ　『フレンズ！』のほうが新しい。

まほ　コレは〝何ちゃん〟？

コズ　ミライ。

カードの中で微笑む赤い髪の毛の女の子は、〝明日香ミライ〟ちゃん。スターハーモニー学園を卒業した高校2年生で、アパレルブランド『ミルキージョーカー』のデザイナー兼ミューズだそうです。……何が何やらチンプンカンプンですが、キラキラのマイクに短いスカート。女の子の憧れる世界観は今も昔も変わらない、ということはわかりました。

そういえば、友だちの5歳になった娘も『アイカツ!』が大好きで。自分の芸名を〝髪先いちご〟とつけていました。〝髪先〟という名字は、いつもお風呂でお母さんに「髪を先に洗いなさい!」と言われるからだそうです……。

父 お待たせー。

まほ ありがとうございます!

コズ ぽんちゃん! ぽんちゃん! ちゃーんぽーん!

まほ コズちゃん、ちゃんぽん好きなの?

コズ だーいすきー! あ!?

まほ なに? どした?

コズ 石が落ちてるぅー(テーブルの下の石を足でグリグリ)。

自由なコズちゃんに対して長女のツムちゃんは人見知りをしているのか、お父さんにぴったりくっついて静かにうどんをすすっています。

まほ ツムちゃん、コーラ好きなの?

ツム ……うん。最近飲めるようになった。

まほ コズちゃんと、『アイカツ!』と誕生日プレゼントの話してたんだよ。まだもらってないって。

父 ああ、そうだっけ……。

まほ 欲しいもの、あるんだよね?

父 自転車?

コズ (ニヤリ)

まほ お父さんよくわかってらっしゃる。あと、Switchだっけ。

ツム Switchは持ってるよ。

まほ そうなの?

ツム ふたりでいっこ。

まほ なるほど。コズちゃんは自分専用のが欲しいわけだ。

父 マジかよ。

コズ （ニヤリ）

まほ 喧嘩になるもんねえ。

父 もー喧嘩ばっかりしてますよ。アナタたち、今朝、何回しました？

コズ 忘れたー！

ツム んー3回？

父 （すかさず）もっとだろ。

まほ ツムちゃん、お誕生日いつ？

ツム 1月1日。

まほ 元日だ！ コズちゃんと近いね。

父 従兄弟に12月30日の子がいて祖母が1月3日なんで、年末年始の集まりになるとお祝いで大変なんです。

ツム ケーキいっぱい食べれる！

コズ 作ったりしてねぇー、大変なんだよ！

父 祖母にキッパリ言われましたね。「準備が大変で気が重い」って。

まほ ああーたしかに。

父 集まりは「夏だけでいい」と。

まほ でもさ、コズちゃん。去年プレゼントもらってないってことは、今年の誕生日にふたつまとめてもらうって手もあるんじゃない？

コズ ん？

まほ だから、去年のプレゼントをとっておいて、今年の誕生日にもらうっていう……。

コズ ん〜？？

まほ だから、今年プレゼントがふたつ……。

コズ ねえねえ、ツムのうどん、ホントに〝並〟？ 少なくなーい？

まほ ……………。

やっぱり、ＹｏｕＴｕｂｅが好き。

まほ ツムちゃんは最近何が好きなの？

ツム う〜ん……。

父 いつも観てるのあるだろ。

まほ なんだろう？　アニメ？

ツム ＹｏｕＴｕｂｅ。

まほ やっぱり！　そっか〜！

このインタビューでもよく話題になる〝ＹｏｕＴｕｂｅ〟ですが、それでもまだ聞く度に驚いてしまいます。心のどこかで、ＹｏｕＴｕｂｅがテレビよりも人気があるなんて信じたくない自分がいます。

まほ ＹｏｕＴｕｂｅで、何を観てるの？

ツム ツムはいま、青鬼とか観てる。

まほ あ！　この間公園で男の子たちが「青鬼」って盛んに言って遊んでて、ナンだろう？って思ってたんだけど……そのことかー。

ツム あのねー青い鬼がね、青鬼って呼ばれてて……。

コズ バケモノだよ！

ツム で、コウモリとか、クラゲとか、女だったりとか、いろんな形の青鬼がいて……。

コズ きもちわるい！

ツム いろんな、主人公が何人かいて……。

コズ たけしぃーみかぁー。

ツム それで、島とか、屋敷とか、学校とかステージがあって、そこにある噂話を確かめに行ってーどんどん喰われていって……。仲間と合流して、脱出をめざす……。

まほ そういうゲームなの？

ツム　うん。

まほ　それを、YouTubeで観るの？

ツム　ヒカキンがやってたり……。

まほ　でた！　ヒカキンだ！

ツム　かんながやってたり。

まほ　かんな？

ツム　かんあきチャンネルのかんな。

まほ　こりゃまたわからんワードが出てきたぞ……。

『Kan&Aki's CHANNEL（かんあきチャンネル）』とは熊本在住の親子YouTuberのチャンネル。長女かんな（11歳）次女あきら（9歳）がおもちゃやゲームで遊ぶ様子を配信しているそうです。

ツム　ぎんたっていうコもいるよ！

まほ　それは……弟？

ツム　そー。ぎんたは2さい。あさひって妹は4さい。

まほ　お父さんはそこらへん、把握してます？

父　一応なんとなく……。ヒカキンにつぐYouTuberだそうで。恐ろしい数の再生回数らしいです。億単位の。

まほ　ひゃ〜。

ツム　あとね、プリ☆チャンのプリパラっていう……。

まほ　えっ、ちょっと待って。ついていけない。YouTube？

ツム　アニメ。プリパラのプリチケっていうカードがあって。

まほ　なにそれ？　プリパラってなんの略？　プリプリパラダイス？

ツム　（無視）それでーそれを交換すると友だ

ちになれるプリチケ交換っていうのがあってー。

まほ 友だちにな……れ……る？

ツム うん。世界初のプリチケ交換。

まほ せ、世界初？？？？

ツム うん！（得意気）

まほ 何ひとつわからない……。プリキュアの仲間？

ツム ちがう（キッパリ）。

『プリパラ』がアニメということはわかりました。あとでインターネットで調べてみましたが、全然頭に入ってこなくて……ギブアップ。子どものころ、親ってなんにもわかってくれないし、わかろうとしないし……ついてこいよ！って思っていたけれど、コレか。今なら親の気持ちがよくわかります。でもさ、昔はこんなに複雑じゃなかった気がするんだけどなあ。

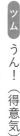

わたしの世代で「プリプリ」と言ったら…
岸谷香もYouTuberだゾ！
ダ・イ・ア・モ・ン・ド ダ・ネー♪

まほ　得意なことは？

ツム　走るのが好き。

父　絵は賞をもらってくることがけっこうあって。でも、ボクらが良いって思うものは引っかからず、「え？　これが？」って思う絵が入選することが多いですね。

コズ　歯の健康！

まほ　ん？

ツム　「歯の健康」ポスター。あと「昔あそび」。

コズ　金賞！　金賞！

まほ　金賞はすごいねえ。

コズ　あと、字！

まほ　字？　書道でも賞取ったのかな。

ツム　ううん。硬筆をいまやってて、毛筆をこれから習うところで……。

コズ　これから習うの！

まほ　コズちゃん、マネージャーのよう（笑）。

これからの姉妹の夢って？

食事が終わったところで、ツムちゃん、コズちゃんとショッピングモール内にあるゲームセンターへ行き、『アイカツ！』で遊ぶ様子を見せてもらうことにしました。人混みをぬって、ツムちゃんとコズちゃんは足早にゲームセンターへ一直線。途中、おもちゃやキャラクターグッズ、子ども広場など誘惑がたくさんあります。たしかにここへ来れば休日、子どもを遊ばせるのに苦労はなさそうです。

まほ　いつも来るの？

ツム　ときどき。

コズ　まず『アイカツ！』カードを置いて……。

ツム 『アイカツ！』パスをスキャンしてー。

　慣れた手つきでふたり並んでプレイ。ツムちゃんのプレイ画面に「2309人」と出ました。どうやらツムちゃんのプレイする〝カレン〟のファンの数のようです。髪型、めがね、目の種類、服、アクセサリーを目にも留まらぬ速さでチョイス。本当に、すごい速さ。どうやら洋服を同じブランドでそろえると得点するみたい。

まほ ツムちゃん、それさ、ちゃんと考えてコーディネートしてる？

ツム してるよ！

　コーディネートが終わると、画面に「セルフプロデューススタート！」の文字。今のコーディネートの作業はセルフプロデュースじゃなかったんだ。一方、コズちゃんは……。

まほ なんか激しく腕を振ってるけど……なにしてるの？

コズ さいりうむ！

　なんと、ゲーム内でライブ中のアイドルにサイリウムを振って応援しています。どうりでさっきからコズちゃんの画面に左右に激しく揺れる光る棒が映ってるなーと思っていたのです。すると、ツムちゃんの画面手前にも光る棒が現れ、ツムちゃんの腕ものすごい勢いで動き始めました。

まほ カオスだ……。

そして、ふたりの画面に「イベント成功！」の文字。ファンの人数やポイントがアップしました。

ツム　ふう……。

まほ　今まで、ゲーム内でイベントやってたんだ……。……え？　またコーディネート始めるの？

ツム　今度はカードをデコするの。

イベント成功により新しいカードをゲットできたようなのですが、その柄も自分で選んでデコレーションできるようです。

ようやくカードを手に入れてゲームは終了。レアなアイテムも入っていたようで、ふたりは満足げな表情。大人は最初から最後までハテナ印でした。とにかく、画面の切り替わる速度が速い。やることが多くて忙しい。理解が追いつきません。

まほ　ふたりの夢ってなんだろう？　やっぱり『アイカツ！』で遊びまくるとか？

ツム　3年間ディズニーランドに住む。

父　オレはいやだ。

まほ　わたしもムリ（笑）。コズちゃんは？

コズ　朝ちゃんぽん、昼ちゃんぽん、夜ちゃんぽーん！

まほ　すぐ叶いそう（笑）。ちゃんぽん、本当に好きなのね。まあ、お野菜イッパイ入ってるし問題なさそうだけど。飲み物はどうする？

コズ　ホワイトソーダ。

まほ　カルピスソーダじゃないところにこだわりを感じる。ツムちゃんはディズニーランドでご飯はどうしよう?

ツム チョコレートドリンクと、唐揚げと、お肉。

まほ ニキビできそ〜。

コズ あ、コズ夢あるよ!

まほ お!　なに?

コズ 地球をつくることー!

ツム アホがいる〜。

思うままに振る舞う妹と、それを見守る姉。ツムちゃんとコズちゃんは大人になってもそんな姉妹なんだろうなあ。

おしえて！ その後のコドモたち

怒涛の情報量だったツムちゃん＆コズちゃんのインタビュー。このときのこと、ふたりに聞くと、「全然覚えていない」とのこと。そして『アイカツ！』はふたりそろって卒業したようです。「今好きなYouTuberは？」の質問には、ツム「すとぷり、ボカロのミュージックビデオ、フィッシャーズ、めろんぱーかー」。コズ「P丸様。、のっき、スマイリー、ピノの羽」。と答えてくれましたが、わたしにはやっぱりチンプンカンプンなのでした。みんなどこで情報を得ているの⁉

no. 7

小学2年生の女の子、中間反抗期に突入!?

はるちゃん（8歳）

2019年3月取材

英語塾の帰りにカフェで待ち合わせた、はるちゃん。赤いめがねがキュートな小学2年生です。この日インタビューを受けるにあたり、生まれて初めてベルトを腰に巻いたそう！　おしゃれをしてお父さんとやってきてくれました。

まほ　はるちゃんは、何月生まれ？

はる　11月です。

まほ　自分が何座か知ってる？

はる　さそり座。

まほ　占いとか、見る？

はる　うん。しいたけ占いとか、動物占いとか、フルーツ・フォーチュンとか。

まほ　おっ、詳しいねえ。

はる　しいたけ占いは、お母さんが見てる。Yahoo!の占いも見てる。

まほ　好きなんだねえ。信じてる？

はる　点数がいいと、うれしい。

まほ　あ～わたしも。お父さんとお母さんの星座はわかるかな？

はる　うーんと、お父さんはおとめ座。

父　正解。

はる　お母さんは……どっちか覚えてないんだよなあ。おうし座？

父　正解。

はる　バァバは……なんだっけ？

まほ　バァバもわかるの！？

はる　たしか、おとめ座。

父　バァバって、妻の母です。星座は俺も知らないなあ。

はる　ジィジはねえ、おうしか、おひつじ。

父　「おうし」じゃないかな、たしか。

はる　おじいちゃんとおばあちゃんは……わかんない。

まほ　お父さんのほうのおじいちゃん、おばあちゃんは「おじいちゃん、おばあちゃん」って呼び方を分けてるんだね。

はる　若いほうが「ジィジ、バァバ」。

まほ　あ～ソレ、わからなくもないな。

父　いや、そういえば……妻の両親は以前から孫ができたら「ジィジ、バァバ」と呼んでほしいって言ってたんですよね。

まほ　なるほど、リクエストでもあったんですね。

犬の写真を見て名前をつける遊び。

はる　ねぇねぇ……犬の本とってー。

父　あーはいはい。

はるちゃんのお父さんがキャンバス地のトートバッグから分厚い犬種図鑑を取り出しました。

はる　知らないのがあるからさぁ、調べようと思ってさぁ……。
まほ　立派な本だねえ。
はる　これさぁ、後ろのページから覚えようと思ったんだけど、「エロ」って犬の種類があって……ンフフフ……。
まほ　エロって犬の種類があるんだ。
はる　そうそう……へへ。みんな知らない犬だからさ～。
まほ　この本はどんな風に読んでるの？
はる　えっとねえ、こうやってパラパラ見て「わたしはコレ」とか決めて、名前をつける。
まほ　写真を見て？
はる　そう～。わたしが好きな子はぁ～。
父　ずっとこうやって遊んでるんですよ。
はる　あった！　この子。
まほ　ジャーマン・スピッツ……。
はる　ジャーマン・スピッツ・ミッテル。
まほ　名前は？
はる　サッカーボール。
まほ　サッカーボール？
はる　あの、後ろが、サッカーのところみたいだから。
まほ　……？　ああ、背景？　芝生とネットが背景に写ってるから？　犬の模様とか形とか関係ナシ？
はる　で、このふたりは結婚してて、この隣のと、ライバル関係にある（同じページに載っている犬たちを指差しながら）。
まほ　犬同士の物語を作ってるんだ。
はる　なんかさ～そういうの、やりたくなっちゃうんだよねえ～。
まほ　（笑）。

父 ぬいぐるみでもなんでも、名前をつけて遊ぶんですよね。

まほ 面白い。かわいー。

はる あとねえ、警察っぽい人もいる……。

まほ 人?

はる あ、犬。

まほ (笑)。

はる ポリスって名前つけてる。あ、これ。

まほ ベルジアン・シェパード・ドッグ・タービュレン。たしかに警察犬ぽい。シェパードだもんね。

はる で、姉と夫がほかのページにいて……。

まほ 犬種は全然違うのでもいいんだ。血縁関係も。

はる うん。警察っぽい人を選んでる。

まほ 人?

はる あ、犬。

まほ （笑）。おうちでは犬、飼ってないの？

はる 飼ってない。でも、名前はもう決めてる。

まほ そうなんだ（笑）。

はる 「ふうせん」と「ふろしき」。

まほ ほほぅ……犬種は？

はる 「ふうせん」はモコモコ。「ふろしき」は柴犬系。

まほ 面白い名前つけるねえ。

はる 名前って、人それぞれだと思う。

まほ そうだね（笑）。

中間反抗期？　お父さんへのイラッと感。

はる ……。

まほ なに考えてるの？

はる ああ～？　あは～。なんにもかんがえてなあ～い。

まほ 習いごとをいくつかされてるんですよね。

父 本人がやりたがって。今やってるのはバレエと、英語。最近はプログラミングの塾に通いたいって言い出してます。

はる （はるちゃんを見つめるお父さんに）なに見てるの～。やだ～めっちゃ見られてる～やめて～あっちいって～。

まほ 勉強好きなの？

はる うーん（首をかしげる）。ねえ、パパ、なんか英語しゃべってよ。

父 え～？　ちゃんとインタビューに答えなさいよ。

はる これは？

父 フォーク。

はる これ。

父 ナイフ。

はる　これ！

父　ディッシュ。

はる　発音がわるい。なんかダメ！

父　今、中間反抗期？　っていうヤツらしいです。

まほ　なるほど。お母さんが同じことしてもイラつかないのに、お父さんだとなんかイヤ！　っていうやつだ。

はる　（深くうなずく）

父　そうなの〜？

まほ　英語塾は楽しい？

はる　うん。

まほ　先生は……外国の人？

はる　うん。ソマイエ・メヘリ先生。

まほ　話題が変わっても、犬種図鑑。ずっと開いて眺めてるね。

はる　うん。

まほ　2年生だと……漢字が難しくない？

はる　うん。読めないのはママに聞いたりして読んでる。

父　でも、字を覚えるのは早かったんですよね。

まほ　そうなんだ。

はる　うん、3歳くらいで絵本読んでた。

まほ　早い！　ウチの子、もうすぐ4歳だけどまだまだだよ〜。

お絵描きも得意なんです。

はる　ねえねえ、絵、描いてみて。

まほ　えーなに？　急に？

はる　なんでもいいから〜。女の子とか。

まほ　じゃあ……（カキカキ）できたよ。

はる　身体も描いて！

まほ　え～身体苦手なんだよな～。

はる　わかるよ～。顔は描けてもね～。あるあるだよね～。

まほ　（カキカキ）

はる　あ、うまいうまい。

まほ　こんな感じでいいかな？

はる　いいねー。じゃあ、今度わたし描くね。

まほ　絵も好きなんですね。

父　好きですね。自信あるみたいで。

まほ　習ってるの？

はる　習ってない！　……けど、ウマイよ！

まほ　自信たっぷり。

はる　目の中の光がね……こっち向いてるから……こっちに……。

まほ　こだわるねえ。

はる　できた！

まほ　お。うまいうまい。

はる　へへへ……。じゃ～あ～、今度はぁ、漫画描こ！

まほ　漫画かあ。お話作ったりするのも好きなんだ。よくするの？

はる　しますよ～、します、します。ふつうに描きますよ～。

まほ　（笑）。

はる　じゃあ、4コマ漫画一緒に描こ。順番に1コマずつ描く。

まほ　え～！　難しいよ～。お題は？

はる　うーんとね、「遅刻」！

……こうして、はるちゃんとの共作4コマ『遅刻』が完成しました。1、3コマめをわたしが、2、4コマめをはるちゃんが担当。はるちゃん、これだけでは物足りないようで「もっと描こう～！」とノリノリ。でも、もう夜の9

時になろうとしています。

「また今度遊ぼう！」と言って別れました。楽しかった〜。また遊ぼうね、はるちゃん！

おしえて！ その後のコドモたち

独特の世界観を持っていたはるちゃん。近況を聞くと、「2年前にイマジナリーフレンドができまして」と、さっそく予想を上回る回答。絵も上達し、ひとりで遊ぶときはもっぱら妄想かお絵描きなんだそうです。犬好きも変わらずで、犬を飼うなら（中学生になったら飼えるかも？）名前はモササかフササ、またはマフラー、スノー、稲荷《いなり》などを考えているそうです。「今度会うときはイマジナリーフレンドも連れて行きまーす！」と答えてくれました（笑）。

7歳の植物大好き少年、未来の植物学者現る⁉

no. 8

いっしゅうくん（7歳）

2018年8月取材

今回インタビューする小学生と待ち合わせたのは自宅近くにある大きな公園。夏休みに入ったばかりの子どもたちがジャブジャブ池で遊んでいる様子は、まさに芋洗い状態。池の周りには、我が子を見守る大人たち。子どもは水浸し、大人は炎天下で汗だく。

自転車に乗ってお父さんとやってきたのは小学2年生のいっしゅうくん。今日のインタビューはピクニックスタイル。木陰を探し、敷物を広げます。すると、お父さんが籐籠から水筒とワインを出しました。いつの間にかアウトドアチェアも広げられています。真夏ですが木々の間を吹き抜ける風が気持ちいい。まるで森のような公園の中でお昼からワイン……すごく贅沢な時間。いっしゅうくん家族は休日をこうして公園で過ごすことが多いのだそう。

植物大好き少年の〝たからもの〟って？

いっしゅう　あ〜チクチクするぅ〜。

父　どうした？

いっしゅう　これを首にこうしたら……あ〜チクチク〜。

いっしゅうくん、何か植物のようなものを首にこすりつけてしまったようです。

いっしゅう　う〜。

まほ　大丈夫？

いっしゅう　これ、たしか種なんだよなあ。スズカケノキの。

まほ　スズカケノキ？

いっしゅう　うん。スズカケノキって、プラタナスのこと。首から生えてきたらどうしよ〜。あ、でも傘の代わりになるからいっか。いや、養分吸われちゃうかもな〜。あ〜チクチクするよ〜。

チクチクが止まらない、いっしゅうくんはお父さんと公園のトイレに首を洗いに行きました。いっしゅうくん、植物が大好きな「植物博士」なんです。

いっしゅう　ただいまー。

まほ　どう？　治った？

いっしゅう　なおったー！

父　どうも、すみません。

まほ　子どもって、スタートと同時に何かしらの事件起こしがちですよね。

父　（苦笑）。

まほ　いや、チクチク取れてよかった。

いっしゅう　今日ね、クリスタル持ってきたよ。

まほ　クリスタル？

いっしゅう　拾ったの。宝石とかね、いっぱいある場所で。

まほ　どこ？

いっしゅう　フランス。

まほ　!!!　フランス行ったんだ。

父　去年、3か月滞在したんです。

まほ　3か月も！　フランスに！

父　いや、フランスだけじゃなく……。

いっしゅう　ドイツー、スイスー、イタリア……、あと……。

父　フィンランドにオランダね。

まほ　すごい！

父　会社と2年ほど話して、やっともらえた長期休暇で。

まほ　素敵……。

いっしゅう　このクリスタルね、化石だと思うんだけどね……。ネコの。

まほ　え!?　猫の化石!!?

いっしゅう　ネッコ！

まほ　ああ。根っこね。

いっしゅう　ほかにもね、アメジストとかも落ちてるところで……。

父　湖の近くに、そういう場所があったんだよな。

まほ　石も好きなんだね。

父　石、大好きだよな。

まほ　宝物だね。

いっしゅう　うん！　たからもの。あと、これも。

まほ　これは……泥団子？

いっしゅう　そう。泥団子を焼いて作ったの。

まほ　もしやこれもフランスで？

いっしゅう　うん。

まほ　フランス産の泥団子焼か〜。なんだかありがたみを感じる……。

何よりも嫌いなのはヒマな時間。

わたしたちがワインを飲んだり、パンをつまんだりしている間、いっしゅうくんはずっとウロウロと歩き回って木の皮を拾ったり、落ち葉を観察したりしています。

まほ　お父さんも小さいころ、こんな感じだったんですか？

父　いや、僕は次男だったんで……ずっと兄貴のしていることを追っかけているという感じで。こんな風に好きなものを見つけて、ひとりで遊ぶなんてしなかったですね。

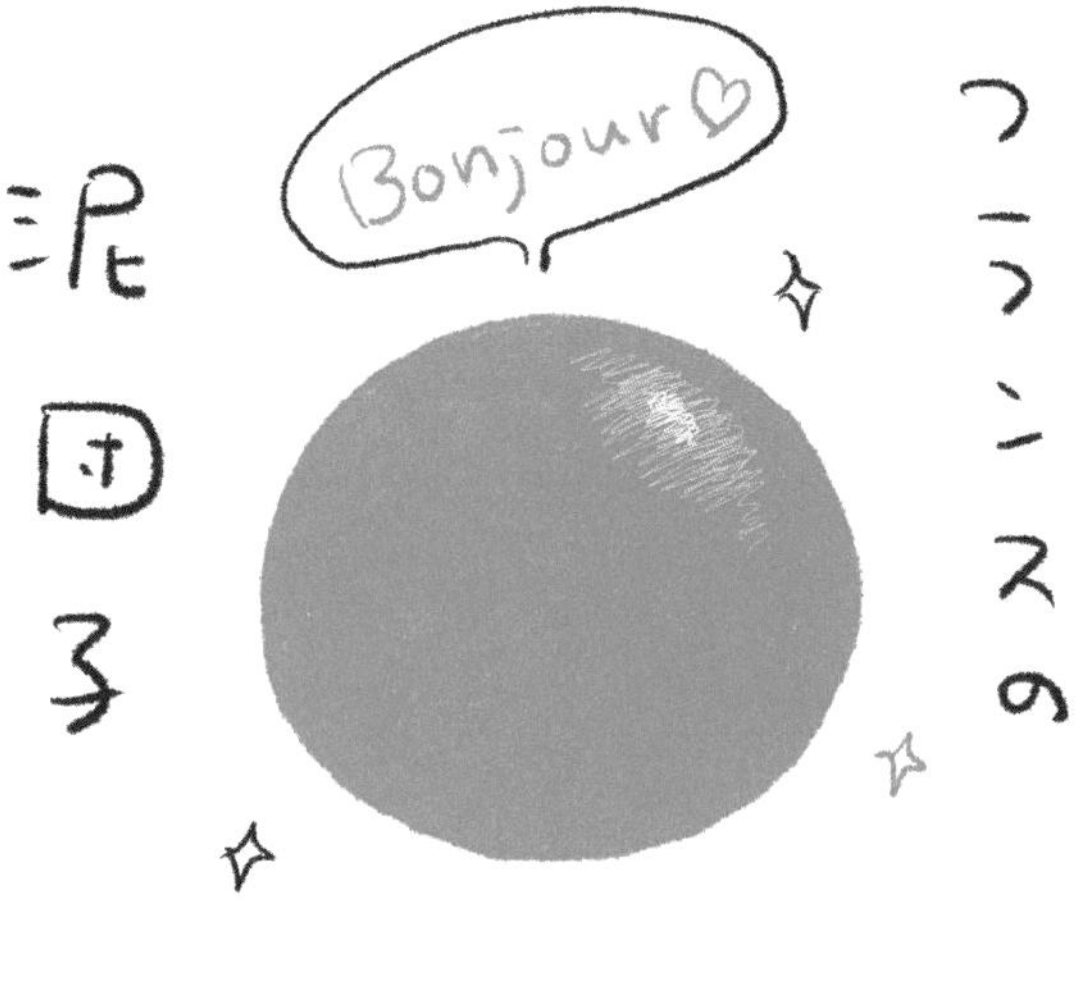

まほ　いっしゅうくんはひとりで黙々と遊んでますよね。

父　自分で興味のあるものを探して遊ぶんですよ。すごい。

まほ　ねえねえ、いっしゅうくん。好きなもの見つけるの、なんでそんなに得意なの？

いっしゅう　ヒマがいやだ！

まほ　え！　そうなんだ。

いっしゅう　ヒマ、大嫌い。

まほ　なんにもない時間をダラダラとか……。

いっしゅう　ヤダ！　30分が1年に感じる。

まほ　いいな〜その感覚。わたし、今その逆だもん。

いっしゅう　ヒマすぎるときに、宿題する。ヒマじゃないときは、しない。

まほ　（笑）。あーじゃあ、植物とか、石とか、遊びに夢中なときには宿題しないのね。

いっしゅう　（元気よく）うん！　そういうときはねー、こっち（右）に手が2本、こっち（左）にも手が2本あればいいなあって。

まほ　遊びって、植物を観察して、どんなことするの？

いっしゅう　これね、いっしゅうくんの作った本だよ。

まほ　おお！

いっしゅうくんが見せてくれたのは、ホッチキスで留めた手作りの豆本。動物や植物に関するものから、絵本まで、何冊もあります。

まほ これはすごい！　力作だねえ。

いっしゅう ふふ……（得意気）。

まほ 『けいけんちのノート』……。これはどんな本かな？

いっしゅう これは、むじん島に行くけいかくの本。

まほ 「やること　①バナナの木にのぼってバナナをとる　②バナナを食べる　③ねどこを作る」「夜の注意　夜は暗くなるから」……なるほど。

いっしゅう そういう、やることとか、待ち合わせ場所とか、ほうほうが書いてあるノート。

まほ 「目標　生きてかえること」いいねえ！　あとは……「パパとママのプレゼントをよういする」。

いっしゅう あっ！

まほ あ、ごめん！　言っちゃダメだった？

いっしゅう あーうんーまーいいや。

まほ あ〜ごめん〜。申し訳ない……。

父 知ってたよ（笑）。

まほ ほかにもいろいろあるねえ。『カニのくらし』『とりの木』『つばめが日本にやってくる』……。素晴らしい。いっしゅうくんが一生懸命描いた絵と字を見てるとなんだか胸がいっぱいになってくる……。

父 初めて描いたのがこの『大きな木』って絵本なんですけど、これを読み終わった奥さんが泣いてましたね。

まほ わかる気がします。本人にとってはヒマな時間の遊びなんだろうけど。その時間を創作活動にあてるって素敵ですね。『ムべとアケビのくらし』。……これは？

いっしゅう ムべとアケビが好きなの。

まほ ムべ……？

ムベとは秋になると赤紫の実をつけるアケビ科の一種だそうです。

まほ どんなところが好きなの？

いっしゅう 形がかっこよくてねー、ツルを編んだり、食べたりできて、役に立つから。

まほ 好きな理由がかっこいいなあ。じゃあ、いちばんキライな植物もあるの？

いっしゅう ドクウツギ。毒があるから。

まほ お父さんを植物にたとえるとなんだろう。

いっしゅう メタセコイア！

メタセコイアはヒノキ科の一種で、「生きた化石」とも呼ばれる落葉樹だそうです。

まほ どんな木なの？

いっしゅう かっこよくて、憧れの木。大好き！

まほ じゃあ、いっしゅうくん自身を植物にたとえると？

いっしゅう 大豆。

まほ え（笑）。

いっしゅう 大豆はね、豆が種だから、土の上に落ちれば何年も生きられるし。

まほ 落ちても何年も生きられるって、なんだかすごくたくましい。

未来の植物博士の学校生活は？

まほ 学校の授業はどう？　好きな授業とかある？

いっしゅう えっとぉ……（急にテンション下がる）。

まほ　あれ（笑）。

父　基本的にいっしゅうくんは好きなもの以外……、興味持てないみたいで。

まほ　好きなものに全精力を注いでるんだね。さっきの絵本を見てると、それで充分って気もするけど。何がいちばん苦手？

いっしゅう　え〜う〜んと〜さんすうが〜なんかヤなの。

まほ　ヤなんだ。

いっしゅう　大キライ。

まほ　（笑）。

いっしゅう　授業がね〜大キライ。

まほ　算数の？

いっしゅう　ぜんぶ。

まほ　全部か！　好きな授業ないの？

いっしゅう　いちばん好きな授業は、休み時間。

まほ　それ、授業じゃないよ（笑）。それにしてもいっしゅうくんはなんでそんなに植物が好きなのかな？

父　実は奥さんのお父さん……じいじが植物の研究者で。

まほ　それで！　仕事ぶりを見て？

父　いや、自然に好きになってましたねえ。

奥さんは4人姉妹なんですが、誰もその道には進まず。いっしゅうくんがその血筋を継いだようで。

まほ すごい。植物博士に4人姉妹の娘がいるっていうのもなんだか素敵……。おじいちゃんもうれしいですね。

父 前に「お父さんとお母さんは田舎の自然の中で育って、ズルい」って泣かれたことがありますよ。

まほ それだけ自然が好きなんだ……。これは将来有望ですね……！　いっしゅうくん、植物博士の夢にまっしぐらだね！

いっしゅう なりたい！

おしえて！　その後のコドモたち

インタビューの２年後に長野に移住し、小２の妹と毎日片道2.5キロを歩いて小学校まで登校しているといういっしゅうくん。林の中にあるお家は、カブトムシ、クワガタ、シジュウカラやリスが庭に遊びに来るようなお庭があって、とても恵まれた環境の中で暮らしているんだそうです。植物好きも相変わらずで、ますます知識が増えたんだとか。今年３月にはふたりめの妹さんも生まれて、ますます立派なお兄さんへと成長しています！

…取材メモ…

インタビュー中のメモ。あとから見返すのも楽しいんです。

全部個人的に考えてること……

義務教育って大人が子どもに行かせる義務

宿　　　　　　　　　　行く義務

納税・勤ろう・教育

8才 妹
4才

ラジオやりたい

佃田さんがINSTAで情報をGET

LINEで…

年末にイベント

相方とやるダンス

lil WAYNE
Uproar
Masaso
You Gon'
NOSMOKE
Klondike
Hustler's Anthem
バスタ・ライムス

水くじきにハマってる

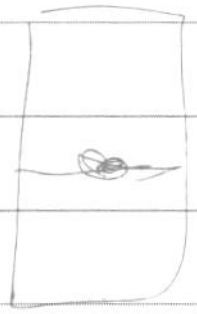

「こんなテレビあったよね ―」「知ってるー」

「TikTok」「定規戦争」

マイネーム(ペン)ではじく

学校の子は見たことある

INSTAは　大人しいけど
イケてる!

ダンスの教室　行く時も口紅する

8時のやつ。

殺人とか、社長かなんかの人が

こういう人いちがちょう

けいじちょういちがちょう

の時。

0からけむりが出てる。

マジックの人かもだけど、なんかよく

わかんない体操の。

ぎょうざを手にもって

死んだ人

「ファミリーコンピューター」

「スーパーファミ」

電源の木なさそう

スーパーマリオ

昔のやつがむずかしい

ひふみくんがラケットでOPいてくる

トイレに母さん逃げこむ!

迷子になっちゃえばいいのに。

ケンカ。

「はーちゃん」

オレ、なんにもしてないのに。

学校に行かない小学6年生の日常と今後について。

no. 9

のどかくん（11歳）

2019年8月取材

のどかくんは小学6年生。インタビューの1週間後に12歳の誕生日を迎えます。あと半年とちょっとで小学校を卒業する予定ですが、実はのどかくん、いわゆる不登校児。学校には行っていません。平日のほとんどを家で過ごしているという彼の日常と今後について聞きました。

まほ　Apple Watchしてるんだね。

のどか　うん、お父さんのお下がり。

まほ　何に使ってるの？

のどか　歩数計とか……。

父　運動不足だからな。

のどか　うるさいなあ。いいだろ、別に。

インタビューが行われたのは、下北沢にあるフィリピン料理の食堂。のどかくんのお母さんが経営していて、キッチンではお母さんがランチの下準備中。経営コンサルタントであるお父さんも遊びに来て、隣のテーブルでｉＰａｄＰｒｏで仕事したり、アウトドア雑誌を眺めたりしています。

SAO系のアニソンは名曲ぞろい！

まほ　歩数計以外では使ってないの？
のどか　音楽聴いてる。
まほ　どんな音楽が好き？
のどか　いろいろ。
まほ　いろいろって、例えば？　おすすめとかあれば。
のどか　うーんSAO系は全部おすすめかな。
まほ　……？　もう1回言って。
のどか　SAO。ソードアートオンライン系は全部名曲だと思う。
まほ　そーだ？
のどか　ソード、アート、オンライン。
まほ　？？？　ゲーム？
のどか　アニメ。２０１２年ごろかな？　に、めっちゃくちゃ大ヒットした。
まほ　まったく知らない……。
のどか　ガンゲイルオンラインもおすすめだけどね。
まほ　？　ガンゲールオンライン……？　とは？
のどか　『ソードアート・オンライン オルタナティブ ガンゲイル・オンライン』。
まほ　？？？？？？？　なにそれ？　日本の話？？
のどか　日本。『ソードアート・オンライン』もあるよ。
まほ　なにそれ〜なにそれ〜。全然わかんない〜。

あまりに理解不能なため、急いで検索。『ソードアート・オンライン』は2009年に刊行されたライトノベルで、シリーズ累計2600万部というラノベ史上に残る発行部数の作品だそう。2012年にアニメ化されて以降も、ハリウッドでの実写ドラマ化も発表されるなど、全世界に熱狂的なファンがいる作品。それをまったく知らないなんて……。もしかしたら広告やテレビでも目にしているのかもしれませんが、脳細胞に届いた気配ナシ。なんだか世界から取り残されているような気持ちになりました。

まほ その……『ソードアート・オンライン』はどこで知ったの?

のどか Amazon Prime Videoの作品リスト見てて、面白そうだなって思って。

まほ アニメが先なのね。で、音楽聴いてるんだ。

のどか ま、完全なるアニソンですね。

まほ 完全なる(笑)。

母 あいみょんとかRADWIMPSとかも聴いてるでしょ。

のどか ああ、まあ。

母 『天気の子』観てハマってたよね。

まほ 面白かった?

のどか うん! 『君の名は。』の人がたくさん出てた。

まほ あ、そうなんだ。どっちも観てないなあ。

のどか ただ、宮水四葉がどこ出てるかわからなかったなあ。

まほ みやみず……?

のどか 『君の名は。』の登場人物。『天気の子』のエンドロールに名前があったんだけど、気づかなかった。

『君の名は。』や『天気の子』の話題にもついていけないのですから、『ソードアート・オンライン』がわかるわけないのでした……。

まほ のどかくんにとって、ベストアニメは？

ソードアート・オンライン オルタナティブ ガンゲイル・オンライン
オンライン2回はいってるの何故…

のどか え？ うーん……何かな……。

まほ いちばん好きなヤツ。わたしにわかるか不安だけど……。

のどか 『ドラえもん』かな。

まほ えっ！ 意外！ あ、でもまだ油断はならない……。どっちが好きなの？　昔の、声が違うドラえもんと、今のドラえもん。

のどか　昔の。

まほ　わー！　やっとわかるー！

のどか　こないだアニメ40周年で、第1回めの『ドラえもん』やってた。ボクは声は昔のほうが好きだな。あとはね、『ドラゴンボール』……。あ、『ドラゴンボール』は原作が好き。全巻持ってる。

まほ　ああ～助かる～。話がようやく……。

のどか　あとは『七つの大罪』。

まほ　あ……またわかんないヤツだ。

のどか　面白いよ。異世界系アクションバトル……そんな感じ。

まほ　うーむ……なるほど（携帯で検索しながら）。

『七つの大罪』も累計発行部数3000万部以上だそうです……。

普段は家で何してますか？

まほ　漫画もよく読んでるんだね。

のどか　小1のときに、本にめちゃくちゃハマって。そっから漫画にうつった。

まほ　本から漫画なんだ～。

のどか　最初お母さんに『ながいながいペンギンの話』を買ってもらって……。あとは『森は生きている』も読んだ。

まほ　今は何読んでるの？

のどか　今はSAOの原作の人のライトノベルと、めっちゃくちゃハマってるのが、『天久鷹央の推理カルテ』。

まほ　アメック……？

のどか　あ、め、く、た、か、お。知念実希人って現役のお医者さんが書いてる推理小説。

まほ　へえ〜。これって小学生向けなの？

のどか　中高生くらいじゃない？　文庫だよ。漫画もあるらしいけど。

まほ　（調べて）あ、新潮文庫なんだ。

のどか　そう。新潮文庫ｎｅｘ。

まほ　じゃあ、普段は漫画や本を家で読んでるんだ。

のどか　いや、勉強してる。

まほ　あ、そうなの？

のどか　うん。学校行ってないから、勉強しないと。

まほ　そっかー。どうやってひとりで勉強するんだろう。参考書とか？

のどか　スタディサプリって、知ってる？

まほ　知らない。アプリ？

のどか　そう。それで勉強してる。

まほ　そうか、今や勉強もタブレットでするんだもんね。

のどか　うん。

まほ　勉強したくなくて不登校って子もいるだろうけど……。

のどか　いるだろうね。でもボクは違うから。

まほ　なんで学校行ってないの？

のどか　いじめです。

まほ　そうなんだ……それは、学校行きたくないね。

のどか　5年生のときに学校が統合して、それからいじめられて……。

母　最初、わたしは知らなかったんです。だんだん朝、頭が痛くなったりし始めて。ひどいときは外に怖くて出られなくなったね。

のどか　人混みが無理だった。

まほ　家で過ごすようになって落ち着いてきた？

のどか　そんな感じ。

まほ　好きな先生とかいなかったの？

のどか　特に。

まほ　学校行ってたときは、どうだった？

のどか　うーん……つまんなかったかな。

まほ　そっかー。

のどか　授業中ボーッとしてて……当てられると黒板に書いてあることをザッと見て、答えるっていう。その繰り返し。

まほ　さっきから思ってたけど…のどかくん、賢い。

のどか　学校行っててもヒマで……休み時間はずっと本読んでた。

まほ　塾は？

のどか　行ってた。塾は楽しかった。本当は、都立中学目指したいんだけど出席日数が足りないから受験できなくて。

まほ　私立は？

のどか　費用が全然違うからね。だから、区立の中学に越境入学して、そこでめちゃくちゃ勉強して、良い高校に入るのが、目的。

まほ　わ～シッカリしてる。

のどか　まあ、私立の小学校に行ってる人に聞くと、私立も学級崩壊してるところがあるらしいけどね。

まほ　行く中学は決まってるの？

のどか　うーん、それはまだ。

まほ　楽しいと思える学校に行けるといいねえ。スタディサプリでの勉強は楽しい？

のどか　すぐ終わる。

まほ　それは簡単ってこと……？

のどか　いや、無駄話聞かなくてすむから。

まほ　無駄話……（苦笑）。先生も辛いね。

のどか　楽しい先生もいたけどね……。

まほ　先生も出会いだからな〜。学校の友だちとは遊んでないの？

のどか　遊んでるよ。児童館に時々行って。

まほ　仲良しの子もいるんだ。

のどか　いる。

まほ　それは……話が合ったりするの？

のどか　う〜ん、なんだろう。なんか合うんだよね。

まほ　ウマが合うっていうのはいいね。で、何して遊ぶの？

のどか　ボードゲーム。カタン、街コロ、ラミィキューブ。

まほ　へえ〜。そんなのがあるんだ。

のどか　カタンは世界的に売れてるボードゲームだよ。

未来の選択は自分次第。

まほ　最近、学校行ってないYouTuberの小学生いるよね。

のどか　ああ、ゆたぼん。

まほ　そう、ゆたぽん。

のどか　〝ぼん〟だよ。

まほ　ゆたぼんか。まあ、学校は無理して行かなくてもいいとは思うけど……。

のどか　でも、義務教育って「学校へ行く義務」じゃないんだよ。「親が子に学校教育を受けさせる義務」だから。そこを履き違えてるんじゃないかな？　と思う。

まほ　なるほど〜。

のどか　子どもの義務じゃないからね。国民の三大義務は「納税・勤労・教育」だから。

まほ　のどかくんと話してるといろいろ考えさせられるなぁ……。日本を飛び出して留学したり、外国へ行くって選択肢もあるのかな？

のどか　うーん、どうだろう。最低限の英語が話せないと今後はやっていけないと思うけど。

まほ　日本の良いところ、悪いところって考えたりする？

のどか　うーん……東京は、地震が起きたら危ないと思う。ここ数年で安政の大地震くらいの規模の地震が起きるだろうっていわれているし。

まほ　たしかに、地震は怖いね。

のどか　オリンピックのときなんかに起きたら、やばい。

まほ　数年のうちに、絶対来るの？

のどか　まあ、来ると言われてるね。良いところは下水処理がちゃんとしてる。あと治安が良い。

まほ　オリンピックについては、どう思う？

のどか　東日本大震災の被災地の復興っていうのが名分になってるのに、もはや関係なくなってるのが問題だと思う。何やってんだろうなって思う。

まほ　最後に……将来の夢は？　なりたい職業とか。

のどか　それ、ほかの子どもにも質問してたよね。

まほ　ああ（笑）。基本の質問だからね。

のどか　まだ何も決めてない。

まほ　そうなんだ。じゃあしばらくは勉強をがんばって、良い高校を目指す……って感じかな。

のどか　まあ、そうだね。

まほ　じゃあ……読書以外にハマってるものって、ある？

のどか　うーんと、水引き。

まほ え？　あの、祝い袋につけたりする？

のどか そう。水引きでアクセサリーを手作りするのにハマってる。

まほ 意外すぎる（笑）。

おしえて！　その後のコドモたち

インタビューを読み返して、「自分が生意気」という感想をくれたのどかくん。校風に共感して決めた区立中学に今は楽しく通っています。SAO好きも相変わらずで、新刊の発売と映画を楽しみにしているそうです。今のおすすめの音楽を聞くと、「ReoNaさんの曲全般、MEGALOVANIAなど」と答えてくれました。ReoNaは今注目の"絶望系アニソンシンガー"で、MEGALOVANIAはトビー・フォックスというアメリカのゲームクリエーターが作った曲なんだって〜。

no.10 双子の兄弟、「お兄ちゃん」をジャンケンで決める!?

アヤタくん（10歳）
ハルタくん（10歳）
2018年4月取材

アヤタくんとハルタくんは、双子。家の近所にある区立小学校に通っています。家族はお父さん、お母さん、そして保育園に通う4歳の弟コースケくんの5人。ふたりとも同じサッカー部に所属し、MVPの常連でもある実力派です。

ハルタ 昨日、幽体離脱してメッチャおもしろかった。

まほ えっ、幽体離脱……？

アヤタ それを動画に撮って……。

まほ え!? それ、どういうこと!?

アヤタ 下になるとコイツ（ハルタ）が重くて痛かったけどね。

まほ ……ああ、ザ・たっちね。

アヤタ **ハルタ** （うなずきながら）そうそうそう。

父 これがその動画で……。

まほ ……ハハハハ面白い！　あーこれはいいね。

お父さんが撮った動画は、下に寝ているアヤタくんがちょうど映らないようになっている状態からハルタくんが起き上がると下にそっくりなアヤタくんがいる…という、なかなかよくできたものでした。

アヤタ　ハルタはオレより重い。

まほ　体重違うんだ。

ハルタ　うん。ウチのほうがちょっとおっきいから。132センチ、25キロ。コイツ（アヤタ）がひゃくにじゅ……。

アヤタ　129センチ23キロ。

まほ　先に出てきたのはどっち？

アヤタ　オレが3分早めに出てきた。

まほ　あとから産まれたほうがお兄ちゃんなんだっけ。

ハルタ　昔はね。昔はそうだった。

まほ　今は違うんだ。

以前双子は、先に産まれた子を第2子としたようですが、今は順番通りに数えられるそうです。

まほ　じゃあ、アヤタくんがお兄さんってこと？

ハルタ　いや、違う。それは、正直言って……じゃんけんで決めた。

まほ　えっ！　そうなの？

ハルタ　うん。

まほ　で、どっちがお兄さんになったの？

ハルタ　ウチ。

まほ　それ、いつくらいに決めたの？

アヤタ　去年くらい。

ハルタ　なんかさーコイツ（アヤタ）が「もうお兄ちゃん飽きたからあげるよ」って言いだしてさー。

まほ　それでじゃんけんすることになったの？

ハルタ　うん。

まほ　でも、そこはあくまで勝負で決めるんだね。譲渡するでもなく。アヤタくんはどうしてお兄ちゃんに飽きた？

アヤタ　なんかお兄ちゃんてさーなんていうの？　なんかさーなんていうか……。

まほ　責任？

アヤタ　そうそれ、責任がさーあるっていうか……。

まほ　「お兄ちゃんだからガマンしなさい」とかあるわけ？

アヤタ　いや、そういう差別はない。

まほ　差別（笑）。

アヤタ　もっと前は500円で売った。

まほ　兄の権利？

アヤタ　昔ね。

まほ　そんなコロコロ兄と弟がやりとりされてるのかー。

見分け方の秘訣、聞きました。

まほ　ふたりの見分け方教えて。

ハルタ　コイツ（アヤタ）が目が片方二重でウチが一重。

まほ　難しい（笑）。

ハルタ　お母さんも昔片方一重で、なんか道具で二重にしてたら二重になったって。

まほ　道具（笑）。

母　ハハハ……（苦笑）。

ハルタ　でもね、一重って集中できるらしい。

まほ　そうなの!?

アヤタ　視野が狭いほーが集中できるって。

まほ　何で知ったの？

ハルタ　さんまのテレビ。

まほ　『ホンマでっか!? TV』か。

ハルタ　そう。

まほ　お母さんは、妊娠中に双子だって聞いてどう思いましたか？

母　若いころに世界を旅していたんですが、一時帰国中に婦人科検診で治療が必要かもしれないと言われていたんです。帰国後の治療を決めて旅を続けた中でインドで偶然知り合った男性に「お前には絶対男の子がふたりできるから心配するな」と言われ。その人の勧めもあり、インドで独特な（笑）治療をしました。

まほ　独特って……。

母　そこは秘密（笑）。それで旅を終えて帰国し、再検査したらすっかり良くなっていて。その後、夫に出会い、自然妊娠したんです。

まほ すごい……なにかの物語みたい。

母 初めての診察のときに、「ふたりいるね」と言われ、あぁインドで聞いたのはこのことだったのかと涙しました。苦労や不安よりも先に、やっと出会えたという感動のほうが大きかったです。

まほ アンビリーバボー！

双子がお腹にいるのって、どんな気分なのかなーと軽い気持ちで質問したのですが、お母さんからは驚きのエピソードが。

そんな神秘の中で誕生し、成長したアヤタくんとハルタくんですが、いたって平穏な小学校生活を送っているようです。

ハルタ この前さー、下駄箱の下の板に……。

まほ すのこ？

ハルタ そうそう、それに「ブルゾンちえみ」と「みやぞん」って落書きがあってさー。

まほ うんうん、それで？

ハルタ 落書きがあって……あったって話。

まほ (笑)。

移動教室の夜にあった男子のヒミツ。

父 ホラ、この間のあれ言えば？

アヤタ え？ なんだっけ。

父 遠足で……弁当の話。

ハルタ ああ！ あのね、この前の川場村で弁当自分で作った！

「川場村」とは群馬県にある世田谷区民の交流

地区で、区の小学生は5年生になると2泊3日の移動教室に行くのです。わたしも5年生のときに行きました。

まほ　すごいじゃん。

ハルタ　ほぼオレー、ほぼオレーが作りましたあー！

まほ　どっち泊まった？

ハルタ **アヤタ**　ふじやまビレッジ!!

　川場村にあるふたつの宿泊施設「ふじやまビレジ」と「なかのビレジ」。世田谷区の子どもたちにとってはどちらに泊まるかってけっこう大問題なんですよね。あくまでイメージですが「ふじやま」のほうが名前が立派な気がしてみんな「ふじやま」に泊まりたがるのです。

まほ　「ふじやま」かー。いいなー。わたしは「なかの」だったなあ。

ハルタ　いまや「ふじやま」じゃなくて「初恋ビレッジ」だから。

まほ　どういうこと？

ハルタ　2日めのーあの、2日めのー（興奮気味）。

アヤタ　2日めのご飯の前！

ハルタ　そそ、2日めのご飯の前にー男子のほぼ全員が告白してほとんど成功した。

まほ　は!?

アヤタ　ねー。

まほ　みんな成功って、おかしくない？

ハルタ　（興奮気味）ひとりが始めて、あ、じゃあオレも行くよとかなって、みんなやり

はじめた。

まほ　でも、好きな子ってかぶらないの？

ハルタ　いや、ふたりくらいしかかぶらなかったよ？

アヤタ　ウンウン。

まほ　それでほぼ全員成功ってどういうこと？

ハルタ　ダメだったらふたりめに告白。

まほ　えーなにそれー。なんでそんなに軽々しく告白とかできちゃうの？

ハルタ　いや、そんな、めちゃくちゃ時間かかるよ。

まほ　（笑）。

ハルタ　「や、どうしよう、待って待って待って待って」「やれよ、やれよ」「ちょ、待って待って」……って言って。

まほ　あーモジモジタイム。

ハルタ　ウチもどういう返事が来るかわかんないから眠れなかったもん。

まほ　すぐ返事来ないんだ。

アヤタ　次の日に来る。

まほ　ハルタくんの告白は時間かかったの？

ハルタ　ウチは言葉じゃなくて、手紙。渡すのに時間かかった。

まほ　なんて返事来た？

ハルタ　教えない（ニヤニヤ）。

まほ　ほかの人はどんな返事もらったの？

ハルタ　それも言えないな。

まほ　なんだよー。成功したらつきあうの？

ハルタ　いや、言うだけ。

まほ　ますます、なにそれ！

父　タピオカデートしてたじゃん。

まほ　えー！

アヤタ　いや、でもオレが告白した女性は来なかった。

まほ 女性（笑）。アヤタくんも行ったの？

アヤタ オレもいた。

ハルタ 友だちとダブルデートにアヤタも来た。コイツの女性も来てたらトリプルデートになってたよな。

まほ （笑）！

母 タピオカ飲むお小遣いないって言うから、「バカヤロー！　デートなら出してやる！」ってお金持たせて送り出したんだよね。

アヤタ うん。でも結局来なかった。

双子であっても個性はそれぞれ。

まほ ……アヤタくん大人しいね。疲れた？

アヤタ いや……。

母 ハルタ疲れしてるんだよね。

アヤタ まあ、そんな感じ。

まほ なるほど、ハルタくんおしゃべりだもんね。やっぱり、双子でも違うんですね。

母 双子の妊娠がわかってすぐに、SNSの双子コミュニティに入ったんです。双子の〝親〟コミュニティだとどうしても親目線なので、当事者だけのコミュニティに。

まほ たしかに、双子情報が欲しいですよね。

母 双子が親や周りに言われて傷ついたこと、不思議な体験、お互いに対して思っていること、日常の様子などを学びましたね。

アヤタ ハルタはねー、サッカーの練習とかしてても、友だち来たら行っちゃうタイプ。

まほ アヤタくんは……？

アヤタ ちゃんとやる。

母 帰ってきて、洋服着替えたり、足洗ったりっていう準備も……。

ハルタ　ウチはやんない。靴下も、右と左が違うのも平気。

アヤタ　そうされると、オレが履く靴下もドンドン変になってくる。

まほ　靴下は共有だとたしかに困るね。洋服は?

ハルタ　いや、別。ないときは借りるけど。

母　なんとなく、アヤタは青っぽい服にしてますね。ハルタは派手めで。

父　服が混ざると全然わかんない。

ハルタ　黄色とか白はウチ。

まほ　髪型は……?

ハルタ　美容院に行って、別々の髪型をお願いしても、結局同じじゃね?　って見た目になる。

まほ　なんでだろうねえ。

ハルタ　前にサッカーのコーチから、「どっちかわかりやすいように坊主にしろ」って言われて、ハンサム坊主にしたんだけど……。

まほ　ハンサム坊主?

ハルタ　上がちょっと長い。

まほ　初めて聞いた。ハンサム坊主(笑)。

ハルタ　ま、結局伸びて同じになるね。

母　学校の成績はほとんど一緒ですね。

まほ　そうなんだ!

ハルタ　テストとか、間違ってる場所は違うけど、点数は同じとか。

まほ　へー。不思議だね。

アヤタ　まあ、サッカーはオレのほうが確実にうまいね。意識も高い。

ハルタ　んーディフェンスはね。ウチはオフェンスうまいから。どっちもどっちだね。

「ハルタ疲れ」した、なんて言いつつもふたりはずっとくっつきっぱなし。「いくら喧嘩したってそばを離れることはないから不思議」、とお母さんは言っていました。兄も弟もいつでも交換できちゃう、兄弟のようで友だちのようでもうひとりの自分のようで。うらやましくなっちゃいました！

おしえて！ その後のコドモたち

インタビューの恋バナを読み返し、「まあ、そんなこともあったなー」と振り返るアヤタくんと「青春！」と合いの手を入れるハルタくん。以前は、「今、お兄ちゃんはどっち？」というわたしの質問に、その場でじゃんけんをして決めていました（このときは勝ったハルタくんがお兄ちゃんになっていました）。その後同じ中学に進学し、相変わらずいつも一緒で仲の良いふたり。いまだに気づくと、靴下は左右違う柄を履いているんだって〜。

小学5年生の男の子が夢中になっていること。

no.11

はじめくん（11歳）

2020年2月取材

とある中華料理店。いわゆる〝町中華〟の店です。ここをインタビューの場所に指定したのは、はじめくん（11歳）。現在〝町中華巡り〟に絶賛ハマり中とのこと。お父さん、お母さんと3人で店にやってきたはじめくん。席に着くと、ヤクルトが出てきました。この店の子ども限定サービスだそう。

まほ はじめくん、よろしく。

はじめ （キョロキョロしながら、小さくペコリ）

まほ この店は、なんで知ったの？

はじめ （メニューを見ている）

母 はじくん、この店、どうして知った？

はじめ ん？

まほ 何かで見た？

はじめ なにかで？

母 テレビとかさ。

はじめ ああ、ほん、本。

まほ 何食べようかな。はじめくん、何がおすすめ？

母 おすすめ教えて。

はじめ あそこ見て。

まほ 「今日のおすすめ」のボード、ね。はじめくんのお気に入りのメニューを教えて？

はじめ （メニューを指差す）

まほ チャーハン、か。美味しそうだね〜迷うな。

〝町中華巡り〟にハマったきっかけは？

口数は少ないながらも、キョロキョロと店を見回したり、メニューを眺めたり、町中華にいる喜びを静かに噛み締めているはじめくん。はじめくんは自分の気持ちを言葉にするのに時間がかかる自閉症の男の子です。家から徒歩15分ほどの距離にある特別支援学級に通っているそう。今回、ご両親サポートのもとインタビューをさせてもらいました。

まほ 町中華はよく来るの？

はじめ （お母さんを見る）

母 もう毎週末です。父親と一緒に、家から遠いところでも……。

まほ この店は初めて？

はじめ 4かいめ。

まほ えー！　4回も……そもそも、なんで町中華にハマったんだろう。

はじめ （お母さんを見る）

母 なんで町中華好きなの？　って。

はじめ え、テレビ。

父　『町中華で飲《や》ろうぜ』っていうBSの番組を僕の横でたまたま観て……。

まほ　それでハマったんだ。

父　どハマりしたみたいです（笑）。

『町中華で飲ろうぜ』はBS-TBSで放送中の番組。各町の気楽に入れる〝町中華〟を浅草キッドの玉袋筋太郎さん、女性でも入ってお酒が飲める店を高田秋さん、坂ノ上茜さんが毎週紹介しています。

まほ　放送が夜11時からだけど……。遅いんじゃない？

母　毎週ちゃんと録画してるんだよね。

はじめ　うん。

まほ　それをいつ観るの？

はじめ　朝。

父　学校に間に合うように、放送の翌日は朝五時半に起きて観てるんです。

まほ　はえー（笑）！

父　朝5時半から、玉袋さんが飲んでる様子を観てるんです（笑）。

まほ　小5でしょ？

はじめ　（恥ずかしそうにニコニコ）

父　あ、そうだ。はじくん、ロクサンサンを取ってきてくれる？

はじめ　うん、いいよ。

まほ　……ロクサンサンって？

はじめ　（ビールを冷蔵庫から取ってくる）

まほ　ビールのことなんだ。

父　はじくん、教えてあげて。

はじめ　男の義務教育。

まほ　え？

父　ビールの大瓶って633㎖あって……。

まほ　ああ！　6・3・3で小・中・高ってこと？

はじめ　玉さんが言ってた。

まほ　なるほど、言いそう(笑)。ビールは男の義務教育。玉さんの格言なんですね。

父　しまおさんは、玉さんと面識あるんですか？

まほ　お会いしたことは。

父　はじくん！　玉さんに会ったことあるって！

はじめ　えっ会ったことあるの？

はじめくん、この日いちばんの素早い反応で目を輝かせました。

まほ　うん。たまたまだけど、先週の火曜日に会ったよ。

はじめ　火曜日!?　どこで？

まほ　横浜。

はじめ　よこはま？　なんで？

まほ　ラジオのイベントで。お客さんとも話したりしてたから、来れば会えたよ。

はじめ　…………。

まほ　玉さん、優しいよ。「スナック玉ちゃん」のTシャツいただいたよ。

父　はじくん！　こないだの『町中華で飲ろうぜ』で内山くんが着てたTシャツだよ！

はじめ　え！　内山くんが（嬉）!?

まほ　(笑)。

そうこうしているうちにご飯がやってきました。はじめくんはチャーハン、お父さんはオムライス、お母さんは肉野菜炒め、編集の小川さんはレバニラ、そしてわたしは鶏肉とタケノコ炒め。「男の義務教育」ことビールをはじめくんが進んでお父さんとわたしについでくれました。

細かいとこまで覚えてます。

まほ　録画してるってことは、観返したりするの？

父　何回も観るよね？

はじめ　（チャーハンを食べながらうなずく）モグモグ……100回くらい。

まほ　そんなに？

父　大げさじゃなく、そのくらい観てると思います。とにかくずーっと同じものを。

はじめ　モグモグ……。

父　好きなシーンもあるんだよね？

まほ　どんなシーン？

父　どのシーンが好きなんだっけ？

はじめ　「川ばた」の、玉さんの……。

父　飲みっぷりが好きなんだよね。

はじめ　（すごくうれしそうに顔を赤らめてニコニコ）うん。

まほ　ピンポイントだねえ（笑）！

父　「ブハー！」ってね、飲むんだよね。

はじめ　うん！（ニコニコ）

まほ　じゃあ「川ばた」にも行った？

はじめ　喫茶店なんだよ！

まほ　え？　喫茶店、なの？

はじめ　貸して（お母さんからスマホを借りる）。

はじめくん、お母さんのスマホから「川ばた」へ行ったときの写真を見せてくれました。

まほ　わあ、ホントに昭和の喫茶店って感じ。

母 面白い店でした！　コーヒーも飲めて、中華も食べられるという……。町屋にあるんですけど。

まほ 町屋って、お家から遠いですよね？

母 電車で1時間以上。東京の中でも反対側です（笑）。

はじめくんが見ている写真には、店内の写真のほかに、メニュー表だけを撮った写真も。それを口を押さえてうれしそ〜に眺めているはじめくん。

まほ マニアックだね〜。

父 店も番組も本当に細かいところまで見て、覚えているんですよ。玉さんが好きなビールの銘柄とか……。

はじめ 玉さんは、アサヒ。

まほ おおー。

はじめ 柴又でビール3本開けた。

まほ お、おお（笑）。

はじめ 坂ノ上さんはアカボシ。

まほ アカボシって……？

はじめ らがーびーる。

まほ ラガーのことアカボシっていうんだ。

はじめ 秋さんはアサヒ。

まほ みんないつも銘柄が決まってるんだね。

はじめ 黒ラベルは、誰も飲まない。

まほ 飲まない銘柄まで覚えてる（笑）。

はじめ 秋さんは、日本酒も飲む（真顔）。

こんな〝町中華〟が好き！

まほ 好きな店のポイントとかってあるの？

はじめ ……古いのがいい。汚くて……。

たしかに、この日選んでくれた店もかなりの年季が入った店です。かつては白かったであろうエアコンが、煙と油で真っ茶色。

父 暖簾《のれん》も重要だって言ってたよね。

はじめ うん。

父 とにかく店構えにはこだわりますねえ。

まほ お気に入りの店は？

はじめ 一番！

まほ 「一番」って店？

母 これも、町屋の店で……。

はじめ （スマホで地図を見始める）

母 そこのハムとキュウリの和え物が忘れられない味だそうで。

まほ ああーそういうのは大人になっても忘れないでしょうね。

母 一度ネットで探して行った店が自分の思う町中華じゃなかったみたいで、すごく怒ったことがありましたね。

父 あのときは怒ってたね〜。

母 美味しかったけど……。「K（店名）は町中華じゃない！」って。それで『町中華で飲ろうぜ』で紹介してた店に行き直したよね。

まほ 学校では何が流行ってるの？

はじめ ……（スマホの地図で町中華を検索中）。

母 はじくん、聞かれてるよ。

はじめ ねえ、ここ、看板が道路に出てるよ！

まほ もう完全に町中華モードに入ったね。

はじめ すごいよ、この通りは7軒も並んでる！

まほ 学校で、町中華が好きって話してる？

はじめ ……何もしゃべってない。

まほ ナイショなの？

はじめ （うなずく）

まほ 担任の先生は男性？

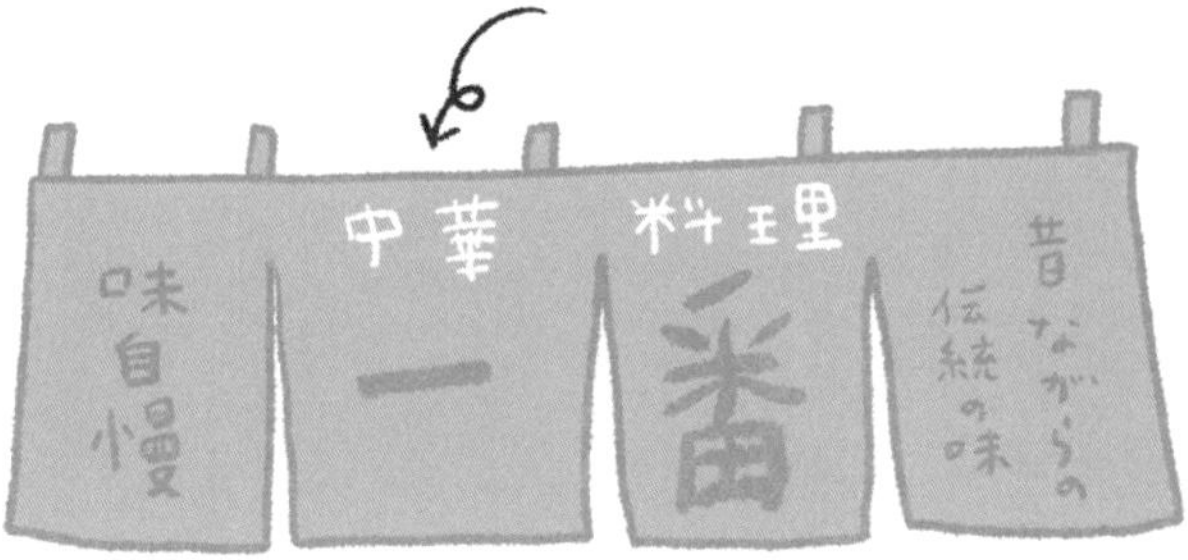

のれんに「中華料理」の
文字が入ってる！
はじめくんの考える町中華の条件。

はじめ　男。フクダせんせい。足が速い。

母　先生とすごく仲良いんですよ。

はじめ　（口を押さえて笑う）フフフ……笑っちゃう。

まほ　フクダ先生、笑っちゃうくらい面白いんだ。大人の男の人だったら、町中華に興味あるんじゃないかなあ。

はじめ　……（お母さんを見る）。

母　先生の住んでる駅知ってるよね？　お店探して教えてあげたら？

はじめ　（検索を始める）あ！　せいりゅうってお店がある！

まほ　ほら。

はじめ　うーん。

まほ　それでも、ヒミツ？

はじめ　うん。言わない。

ボリュームたっぷりの食事を終え、インタビューもそろそろおしまい。店員さんが暖簾をしまいだしました。

まほ あ、すみません！　閉店は何時ですか？

店員 8時45分です。

まほ もうそんな時間かー。

はじめ トクダイと同じ閉店時間だ。

まほ トクダイって？

母 荻窪の町中華です。

まほ 閉店時間まで把握してる（笑）。はじめくん、今日はありがとう。

はじめ うん。

まほ 楽しかった。また、町中華教えてね。

はじめ うん。来年、また話したい。

おしえて！ その後のコドモたち

インタビュー当時、「こんなの町中華じゃない！」と怒っていた店「K」に最近「急に行きたい！」と言い出し、名物料理を食べたのちに大満足の様子だったというはじめくん。彼のその姿を見て、ご両親は成長を感じたそうです。今では「乗り鉄」の趣味も併せて、週末は電車に乗って「町中華で飲ろうぜ」活動を楽しんでいるとか。最近は家族の中でいちばんの大食いにもなり、プロレス、中華、電車が好きな中学１年男子です！

no.12 行ってみたかった場所は裁判所！初めての裁判傍聴エピソード。

トーコちゃん（11歳）
2020年4月取材

新型コロナウイルスの世界的流行で、すっかり変化してしまった日常。新しい学校、学年、クラス。まだ一度もそのスタート地点に立てていない人もいるかもしれません。長い長い春休みの只中にいる公立小学校に通う小学生のひとり、トーコちゃんに、LINEでリモートインタビューしました。

まほ トーコちゃんは何年生になったの？

トーコ 5年生。

まほ まだ、授業もしてないよね？

トーコ 4月に、始業式が1日だけあって……。

まほ それは、どんな風にやったの？

トーコ 学校の校庭に学年ごとに集合して、そこでクラス替えが発表されて、クラスごとに並ぶ。

まほ 校庭のあちこちで各学年がホームルー

ムやってるって感じなのかな。

トーコ　うん。

まほ　クラス替え、わたしすごく苦手だったんだけど、トーコちゃんはどう？

トーコ　面白かった。

まほ　面白がれるんだーいいなー。

トーコ　クラスが3つに増えなかったのは残念だったけど。

まほ　どうして、クラスが増えてほしかったの？

トーコ　ほかの学年はみんな3クラスあるし、クラスの人数が少ないほうがゆったりするから。

まほ　ひとクラス何人？

トーコ　30人。

まほ　クラス替えって2年おきにやるのかな？

トーコ　ううん、今年から毎年やることになった。

まほ　そうなんだ。環境が変わるのが苦手なわたしは毎年はキツいなー。だって仲良しの友だちと離れちゃうかもしれないんだよ？

トーコ　んーでもー友だちは何人かいるから大丈夫。

まほ　でもさ、いちばん仲良い子と離れるのヤじゃない？

トーコ　でもー会えるから。

まほ　会えるから……いいね、トーコちゃんは気持ちが広いんだなあ。

自粛期間、どうやって過ごしてる？

まほ　始業式から、授業はもちろんないのよね？

トーコ　うん。

まほ　オンラインとかでやったりするの？

トーコ　ううん、やってなーい。

まほ　じゃあ、宿題とか？

トーコ　始業式のときにー、これやりなさいって渡されてー。

まほ　わーそうかー。じゃあ新しいことは習ってないんだね。

トーコ　うん、あー、でも漢字は新しいの覚えてってプリント渡された。

まほ　そっかー。わたしだったら絶対やらないな。休み最終日にやるタイプ。

いつ学校が再開するかもわからない長いお休み。大人も子どももケジメをつけて生活するのが大変ですね……。わたしも息子も起きる時間がどんどん遅くなっていきます。そう考えると、保育園や学校、仕事ってすごくありがたいなあって思います。

お家のパソコンからLINEのテレビ電話でリモートインタビュー中のトーコちゃん。画面をこげ茶色の猫が横切りました。

まほ　猫飼ってるんだ。なんて名前？

トーコ　ミック。

まほ　ミックはどうやってお家に来たの？

トーコ　あのーえっと、前から猫飼いたくて、引っ越して飼えるようになって……。そしたら、お母さんが「猫をもらってください」みたいなのを発見してー。

まほ　里親募集してたんだ。

トーコ　そう。それでーえっと、なんだっけな……えーっと、もらってきた。

まほ　ミックは今、何歳くらいなの？

トーコ　4歳。

まほ　じゃあ、トーコちゃんが6歳のときから飼ってるんだね。わたしも8歳で猫の赤ちゃんを拾って飼い始めたんだけど、その猫23年生きたよ。

トーコ　へえー！

まほ　10歳の誕生日も、ハタチの成人式も、30歳の誕生日のときも、その猫がいたの！

トーコ　へえー！

まほ　ミックも長生きするといいねえ。

トーコ　うん……あの、猫って……段ボールに入れられているものなの？

まほ　ん？　ああ、捨て猫？

トーコ　そう。

まほ　ああ……！　たしかに、漫画とかの捨て猫のイメージってたしかに段ボールに入れられてるよね……そっかートーコちゃんの世代でもそういうイメージってあるんだ（笑）。うん、たしかにウチの猫も段ボールに入れられてた！

トーコ　ええ〜！　そうなんだー（嬉）。

まほ　トーコちゃん、目が輝いたね（笑）。

裁判傍聴に行きたくて。

まほ　トーコちゃん、裁判傍聴に行ったたって聞いたんだけど。

トーコ　うん、行った。

まほ　どうして行ったの？

トーコ　裁判、見に行ってみたかったから。

まほ　そもそも、興味をもったきっかけは？

トーコ　コナンくんで観て、行ってみたいと思った。

まほ　なるほど……『名探偵コナン』ね。裁判のシーンとかあるんだ。

トーコ　うん。

ミック♀の可愛い乱入

まほ　どんな裁判を見に行ったんだろう。

トーコ　えっと……みんぽう……？あ、みんじ。民事裁判。

まほ　刑事裁判でなく。

トーコ　警察の裁判じゃなくて、民事裁判。

まほ　未成年でも入れるものなんだね。

トーコ　うん、行けた。

まほ　わたしも1回行ったことがあるけど……建物に入る前に飛行場の持ち物検査みたいなのなかった？

トーコ　あった。ウィーンってやつを通って……。

まほ　あった、あった。ウィーンってやつ。傍聴する裁判は行ってから決めたのかな？

トーコ　うん。入ったらまず壁に大きいｉＰａｄみたいなやつが5台くらい食い込んでて……。

まほ　食い込んで（笑）。

トーコ　それに「何時何分にやります」っていうのが書いてあって、それを見て、裁判を決めた。

まほ　あの表見てもわからなくない？

トーコ　よくわかんなかった。……最初、刑事裁判のほうも見てたんだけど、途中でやめて。

まほ　なんでやめたの？

トーコ　殺人事件とか、怖そうだったから……。

まほ　たしかに。怖いよね。

トーコ　それで、エレベーターに乗って……すごく……頑丈だった。

まほ　？　裁判所が？

トーコ　うん。裁判する部屋の前に頑丈なドアが2枚くらいあって……裁判所もものすごく大きくて……。

まほ　建物はたしかに威圧感あるよね。

トーコ　それで、見つけたやさしそうなやつ……やさしそうな裁判を、見た。

まほ　やさしそうな裁判（笑）。どんな裁判だろう。

トーコ　建物の……。

まほ　ああ、土地とか欠陥住宅とかかしら。

トーコ　それでー、裁判を見たんだけど……。

まほ　どうだった？

トーコ　なんか、裁判長が入ってきたら、みんなが立っておじぎして「これから裁判を始めます」って言って……。

まほ　ふんふん。

トーコ　そしたら裁判長が次の裁判の日を決め始めて……。

まほ　へー。

トーコ　「わたしはこの日が空いてます。〇〇さんと〇〇さんの裁判、この日はどうですか？」みたいな……。

まほ　スケジュール調整を始めたんだ。

トーコ　うん。それでー……終わった。

まほ　終わったの！

トーコ　そう。5分くらいで終わっちゃった。

まほ　あー、わたしもそういう場面に出くわしたの思い出した。本当に予定合わせるだけの裁判ね。あれも「裁判」っていうのかしら？

トーコ　それでー、そのままその部屋で次の裁判も見たんだけど……それは答え……えーっと、なんだっけ。裁判の答えみたいな……。

まほ　判決？

トーコ　そう、判決だけでー。

まほ　それも、すぐ終わっちゃったんだ！

トーコ　そう。早口でよくわかんなくて、「え？もう終わったの？」って感じだった。

まほ　テレビや映画の裁判シーンってすごく大げさでドラマチックだけど、意外と呆気なかったり緊張感もそれほどなかったりするんだよね。

トーコ うん。びっくり。

まほ トーコちゃん的には何が面白かった？

トーコ 裁判所の中に本屋さんとか、すき家が普通にあったのがおもしろかった。

まほ ほかにもどこか興味あって見学に行ったところとかある？

トーコ うーんと……お父さんが仕事で行ってたのを見てー興味湧いたから、刑務所の文化祭？ に、行った。

まほ これまた……！ でもさ、ちょっと怖くなかった？

トーコ うーん、怖くなかった。犯人とかいなかったから。

まほ 文化祭、アイドルがライブやったりするって聞くもんね。

トーコ 刑務所で作られてるものとか、えっとね、バッグとかお財布とかを売ってた。

まほ すごいねえ、小学生でそこに興味湧くの。まだある？ どこか見学したこと。

トーコ うーん、秋田の鶏めし弁当の工場？

まほ 急に弁当（笑）。いいね、美味しそう。

トーコ お母さんの実家が秋田でー、行った。

まほ どんなことしてた？

トーコ うんとね、ご飯とか手作業で詰めてた。

冷静なトーコちゃんの怖いもの。

まほ トーコちゃん、塾とか行ってるの？

トーコ うん、えっと、新しい塾に通い始めたんだけど、今はコロナで行ってない。

まほ そうかー電車で通ってたのかな？

トーコ そう。

まほ　初めてひとりで電車乗ったときのこととかって覚えてる？

トーコ　え？　あーうーんと……どうだろう……。

まほ　わたしも塾通うようになって、ひとりで電車に乗ってたけど、すっごい緊張した。「お、大人じゃん！　わたし！」ってなったけど。

トーコ　うーん、いつかなー。去年？　通ってた保育園にひとりで行ったときかな？

まほ　小3か小4のころってことだよね。緊張しなかった？

トーコ　うーん、でも、携帯持ってたから……。

まほ　意外とクールだねえ。ひとりでも怖くないんだ。

トーコ　あーでも、小1のときにー学童から帰ってきたら鍵持ってなくてー、家に誰もいなかったときは「ウワーッ！」ってなった。

まほ　怖かったんだ。

トーコ　うん。怖かった……。

まほ　それで、どうしたの？

トーコ　えっとー同じ長屋の隣の隣の人のウチに入れさせてもらった。

まほ　トーコちゃん、長屋に住んでたんだー。でも冷静だねえ。怖いものってないの？

トーコ　あーあのね、えっと、ジェットコースター……。

まほ　ジェットコースター、わたしも苦手。

トーコ　よみうりランドの有名な長いやつ……お母さんに乗ろうって言われてムリヤリ……。

まほ　うわー絶対ムリ。

トーコ　怖かった……腰抜かした。もう死ぬほど乗りたくない。

まほ　わかるよ～。

トーコ　遊園地はもう行きたくない。

まほ　わたしも遊園地苦手な子どもだったなあ。ディズニーランドはどう？

トーコ　ディズニーはね、お土産がすっごい高かった。

まほ　（笑）。じゃあ、行きたい場所とかはある？

トーコ　北海道と……カナダ、とムーミンバレーパーク。

まほ　きっと自然が好きなんだね。

トーコ　ムーミンバレーパークは……1度行ったことがあって……。

まほ　そうなんだ。

トーコ　お母さんと、おばあちゃんと、おばあちゃんのお姉さんと、おばあちゃんのお姉さんの子どもふたり。

まほ　おばあちゃんのお姉さんの子ども……ということは、お母さんのイトコってことかな。

トーコ　えっと……、うん、そう。全員女。おばあちゃんは85歳か86歳で、おばあちゃんのお姉さんは90歳。

まほ　そのメンツでムーミンバレーパーク行ったんだ。今コロナだから、おばあちゃんともなかなか会えなくなっちゃったんじゃない？連絡とかはしてるのかな。

トーコ　うん。LINEやってる。

まほ　そうかー。わたしも最近になって母にLINEやってもらうようになったもの。安否確認のために。

トーコ　でもね、全然「きどく」がつかない。

まほ　（笑）。早くコロナが落ち着くといいね。

トーコ　うん……怖いけどー。うーん……いつやむんだろう。どうなっていくんだろうなー。

おっとりとした印象の反面、冷静な観察眼のトーコちゃん。いちばん好きな漫画は手塚治虫の『ブッダ』で、主人公のシッダルタが好きなんだそうです。ミックをナデナデ、時々おやつのチョコブラウニーを食べながらのリモートインタビューでした。

おしえて！ その後のコドモたち

実はインタビューのとき、緊張していたらしいトーコちゃん。「塾までは電車じゃなくてバスだった！」とか「鶏めし弁当具材の枝豆入りの練り物が美味しい」とか追加情報をくれました（笑）。最近の活動は、「神奈川県のお寺まで『コロナ』を焼きに行った」こと！ 劇団を主宰するお父さんが舞台で使った大道具が「コロナ」で、それをお焚き上げしたんだそうです。将来は絶対フィンランドに住みたい！ んだって。画家ヒグチユウコさんのファンにもなりました。

no. 13

大門未知子に夢中！ドラマフリークの小学1年生。

ハナちゃん（6歳）

2020年5月取材

もうすぐ緊急事態宣言が明けるらしい……そんな声が聞こえだした5月某日。前回に引き続き今回もリモートインタビューの『コドモNOW！』です。受けてくれたのは、ハナちゃん6歳。ピカピカの小学1年生……のはずですが、ご存じのとおりこのときはまだ休校中。同席するお父さんも在宅勤務で、インタビューが終わるころにZoom会議があるそうです。

視聴はオンエアじゃなく配信派！

まほ　ハナちゃん、最近はどんな風に過ごしてるの？

ハナ　んー……。

父　今日は何時に起きた？

ハナ　いつも7時に起きてるけど、今日は8時に起きた。

まほ　お父さんから事前にハナちゃんのこと

聞いたんだけど、医療ドラマが好きなんでしょ？

ハナ　うーん（モジモジ）。

まほ　お休みの間も観てる？

ハナ　んーうん……（モジモジ）。

まほ　なんていうドラマが好きなの？

ハナ　……うーんと……。

父　（小声）あるでしょ、ホラ……大好きなの……。

ハナ　えー？　なんだっけ〜……えーっと……。

父　（小声）ホラ、と、とく……とくそう……。

ハナ　（超小声）とくそうないん……。

まほ　ん？　何？

ハナ　『特捜9』。

まほ　『特捜9』か。聞いたことあるような……沢口靖子が出てるやつ？

ハナ　？？

父　イノッチが出てる刑事モノですね。医療ドラマ以外も最近観るようになって。

まほ　は〜イノッチ。

父　ほかに誰が出てる？

ハナ　……知らない。

父　『科捜研の女』だってよく観てるじゃない。

まほ　あ、それが沢口靖子だ！　医療系っていうと……米倉涼子が出てるのが人気だよね？

ハナ　うん……。

まほ　なんていうドラマなの？

父　ハナ、なんてドラマ？

ハナ　……どくたーえっくすー。

まほ　ああ『ドクターX』（『ドクターX〜外科医・大門未知子〜』）ね！　観たことはない

けど……。

父 ハナはどれくらい観た？

ハナ ぜーんぶみたー。

まほ え！ すごい。あれってけっこう昔からやってるドラマだよね？

ハナ すごく長かったけど、ぜーんぶみた。

まほ どのお話がいちばん面白かった？

ハナ うーん……シリーズたくさんあるからわからない……。

まほ そっかそっか。……ちょっとこっちで『ドクターX』のホームページ見てみるね。どのくらいのシリーズがあるんだろう……。

ハナ シリーズも適当に観てる。

まほ そうなんだね……（サイトを見ながら）わ、いっぱいバナーがある。２０１２、２０１３、２０１４……２０１６はスペシャルドラマで、シリーズも始まって……次は２０１７……で、去年秋にまたあったんだね。全部で６シーズンあるんだー。７年続いてるってことは、ハナちゃんとほぼ同い年だね。

ハナ いつも適当に、ババッと観てる。

まほ 何曜日の何時からやってるの？

ハナ えー！ ダイモンミチコ、昔はその時間やってたけど、もう終わって、今はＡｍａｚｏｎ Ｐｒｉｍｅでやってるからわかんない。

まほ なるほど、決まった時間にやってたのは知ってるけど、ハナちゃんはＡｍａｚｏｎ Ｐｒｉｍｅで観てるってことかな。

ハナ あ、これ。ピンクの８番が好き♡

まほ ピンク……ああ、バナーの色か。２０１４と２０１６が似てる色なんだよな……２０１４は赤っぽいな……２０１６かな……紫っぽいけど。

父 ２０１６のほうみたいです。「未知子Ｖ

S超最新オペマシーン」だそうです。

ハナ（ホームページを見ながら）あ！　この人、ダイモンミチコになんか言って、なんかされた人だー♡

まほ「なんか」って何（笑）。

我が道を行く大門未知子がすごい！

『ドクターX』の話になってから、だんだんエンジンがかかってきたハナちゃん。主人公、米倉涼子演じる大門未知子愛が止まりません。

まほ 大門未知子って結婚してるの？

ハナ してない。ジョウノウチとジョウノウチの子どもと住んでて……。

まほ ジョウノウチって男？

ハナ 女。

まほ 城之内博美……内田有紀がやってるんだ。城之内もお医者さんでシングルマザーなのね……ふむふむ。……えー加地《かじ》秀樹《ひでき》って外科医もいるんだー（笑）。

ハナ ダイモンミチコはオペがうまいんだけど、みんなからダメダメって言われちゃう。

まほ へえ〜なんでだろう？

ハナ ダイモンミチコはふりーらんすなんだよ。

まほ ほほぅ、組織に所属してないんだ。

ハナ 城之内も麻酔科医でふりーらんす。

まほ「麻酔科医」って何するお医者さんか知ってる？

ハナ オペする前に、寝かせるために、麻酔させるため、の人。

まほ　だいたい当たってる。

ハナ　ダイモンミチコが来る時間はすごく遅い。インチョウカイシンに興味ないんだよ。

まほ　院長回診……『白い巨塔』で観たことあるぞ……。

ハナ　みんなに邪魔されてるけどさ、インチョウカイシンもダメダメって邪魔されるけどさ、パパッとオペも速いんだよ。

まほ　ふむ。

ハナ　エーアイとかさ、そういうのにもさ「エーアイッテナンダ?」って顔するけどさ、エーアイの話にも従ってないところがすごくなんか変だなって思った（笑）。

まほ　???（笑）。AIってロボットってこと?

ハナ　「アイ」って名前をヒルマ院長がつけてね、それでね、オペの部屋ではアイの言うとおりに従うってなっててね、みんなはそうしてスッキリしてるんだけどね、ダイモンミチコだけスッキリしてないんだよ。

まほ　なるほど。AIの計算をダイモンミチコは疑ってるんだ。

ハナ　ダイモンミチコは「いたしません!」って言って、自分のやり方どおりにやったら成功してね、ほかの人はアイのやり方でやって失敗しちゃうんだよ（笑）。

まほ　へー!

ハナ　ハナは『ドクターX』ではダイモンミチコとジョウノウチがいちばん好き。あと、アキラさん。

まほ　アキラさんは何する人なの?

ハナ　ダイモンミチコのまねーじゃーで、例えば請求書とか渡して、「これ、メロンです」って言って、その金額がすごく高くてヒルマ院長が変な顔するんだよ（笑）。

まほ　ハナちゃんの話聞いてたら『ドクターX』、観たくなってきた（笑）。

今ハマってるドラマってなんですか？

まほ　最近観てるのは何？

ハナ　昨日の夜観たのはねー……なんだっけ。

父　ボクはわかんないなあ。

ハナ　ママならわかるよ。ハナもママも好きなやつだから。

父　おーい、昨日さー……（立ってお母さんのところへ）。

まほ　ママとよくドラマ観てるの？

ハナ　うん。

父　……聞いてきました。予想外でした。

まほ　予想外とは？

父　『マザー・ゲーム』っていう……幼稚園のママ友たちが揉めに揉めるというドラマでした。

まほ　（笑）。

ハナ　おじゅけんでーハルトくんママはーハルトくんのパパが本当はいるんだけど、ハルトくんには嘘ついて、死んだっていうことにして、パパにはもう来ないでって言っててー、ハルトくんママはお弁当屋さんで働いてて、おじいちゃんと3人家族でー。

まほ　急に情報が（笑）。

ハナ　それで、ハルトくんママだけオシャレしてなくて、入園式にみんな車で来てるのに、ハルトくんママは自転車で来ちゃって、怖いママたちに嫌われてるんだよ。

まほ　こ、怖い（笑）。

『マザー・ゲーム～彼女たちの階級～』は2015年にTBSで放送されていたドラマ。主人公は名門幼稚園に入園したシングルマザー蒲原希子（木村文乃）。セレブママたちの抗争や、それらを経て成長を遂げる母親たち、それぞれの子育て、友情、家族愛などを描いた物語だそうです。ドラマはもっぱらお母さんと観るハナちゃん。お父さんはちょっと困惑気味。

父 そんなん観てるのか……。

ハナ 3話と4話いっしょに観た！

父 しかも続けて観てんのかー（笑）。

ハナ あ、2話と3話だった！

父 別にどっちでもいいから（笑）。

まほ （笑）。

ハナ 昨日はねーリカちゃんが、リカちゃんママにお団子作ってあげたら、ポンって捨てちゃって、泥だらけになった。

まほ えー酷いー。

ハナ 「お母様ってゆいなさい！」とかゆうんだよ。

まほ それ観て、ハナちゃんどう思うの？

ハナ うーん、えーって感じ。リカちゃんはね、ハルトくんと一緒にお団子作ってて、それをハルトくんママが見てあげてたの。それで、遅くなっちゃって、ハルトくんママがリカちゃん連れて「お待たせ～」「待ち合わせ時間に遅れてごめんなさい」ってリカちゃんママのところに行くんだよ。

まほ ……よくわからんが、ドロドロしてそうだな……。

ハナ ドロ団子だから硬いと思うよ！

まほ あ、ドロドロってそっちの（笑）。

ハナ あ！『どこまでもつづくよ、こいまでも』も好きだったー！

まほ 『恋はつづくよどこまでも』かな？

ハナ テンドウ先生っていう先生が、昔、マラソンしてたら、あの、サクラって人になんか、おばさんがなんか倒れてて「どうしたんですか？」って言ったら、その日に自分の運命が決まって、その人で最終回に結婚したんだよ。

まほ 一気に最終回まで（笑）。

ドラマの話をしているハナちゃんのテンションは上がるばかりです。

ハナ 『今日からわたし、恋します』はね、ママは好きだけど、ハナは面白くなかった。

まほ 『今日、恋をはじめます』のこと？ やっぱり好みがあるんだね。

ハナ こないだのね、9時に観たのは、口から煙が出てて、マジックの人かもだけど、なんかよくわかんない。あとね、餃子を手に持って死んだ人がいるドラマも……。

まほ 何それ！ そんなドラマあるの？

ハナ うーん、観たよ。

まほ 調べてみる……「口」「煙」「ドラマ」……ないな。「餃子」「殺人」「ドラマ」……あった！『警視庁 捜査一課長』か。「餃子好きによる餃子好きの殺人」って何これ（笑）。

ドラマの話をたっぷり聞かせてくれたハナちゃん。将来の夢は「助産師さん」とのことで、これも『コウノドリ』の影響なんだって。こんなにドラマが大好きだなんて、きっと作ってる人たちはうれしいと思うなー。あ、ちなみに「口から煙が出てて、マジックの人かも」ってハナちゃんが説明してくれたドラマは『特捜9

シーズン3』の第4話「殺人の城」に出てくるマジシャンが殺されるシーンでした〜。

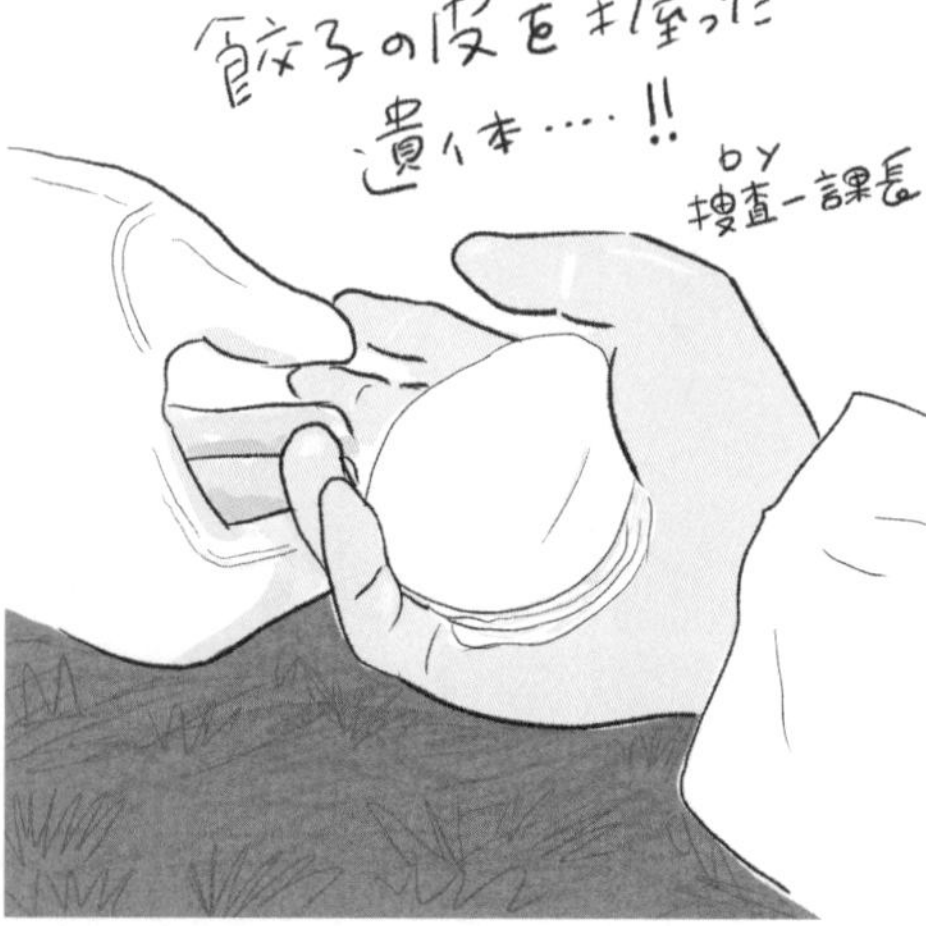

おしえて！ その後のコドモたち

小学1年生にしてかなりのドラマフリークだったハナちゃんは、もちろん2年生になった今も『ドクターX〜外科医・大門未知子〜』の新シリーズを大いに心待ちにしているそうです。最近観たドラマの中では、『大豆田とわ子と三人の元夫』にハマっていたんだって。そんなわけで、注目の俳優も、主演をしていた「松たか子」です。ハナちゃんのドラマ評、読みたいなあ。どこかで連載してくれないかな？

三国志が好きな11歳の少年。布マスク追加配布を予知!?

no.14

ナツオくん（11歳）

2020年7月取材

　リモートインタビューに切り替えてから4か月の7月の上旬。せっかくのリモートなら……と今回は京都に住む小学5年生の男の子ナツオくんの今を聞くことにしました。

まほ　アーアー……聞こえる？

ナツオ　うん、聞こえる。

まほ　あ、ナツオくん久しぶり！　今日はよろしくお願いしますー。

　実はナツオくん、2019年に大阪で行われたイベント「おしえて コドモNOW！ in KITAKAGAYA FLEA」の公開インタビューで観客席からガンガンステージに絡んでくる面白い男の子でした。ゴーヤの標準和名を「ツルレイシ」と教えてくれたり、志村けんのバカ殿様の写真を見てなんというキャラクターか答えるクイズで「将軍」「お侍さん」という答えが出る中、ナツオくんは「今川義元」といナツオくん、大阪でのイベントのときも「今悪いことなんでもできるなら何する?」って質問に「世界征服して、Switchのソフト全部集める」って言ってたんです。

まほ 今、小学校は再開してるんだよね?

ナツオ 行ってるよ。自粛はもう6月くらいに明けた。ちなみに、自粛してたから夏休みは2週間くらいに縮んだ。

まほ 補習とかもあったりする?

ナツオ ホシュウって何?

まほ 授業以外で追加の勉強する時間。

母 補習の代わりに7時間授業になってるんだよね?

まほ ゲッ! 7時間!?

ナツオ うん。

う戦国武将の名前を答えたり。

自粛明けの小学校ってどんな感じ?

まほ ナツオくんは……10歳だっけ? 小学5年生?

ナツオ イエス。

まほ じゃあ、お誕生日はこれからかな。いつ?

ナツオ 明日! 明日で11歳。

まほ おー! おめでとう。

ナツオ だから、「11歳」って書いといてな。

まほ わかった、書いておく。プレゼントはもう決まってる?

ナツオ 『大乱闘スマッシュブラザーズ』。

まほ Nintendo Switchか! 今もハマってるんだねー。

母　月水金が7時間だよね？
ナツオ　そうそうそう。
まほ　うわーそれキッツー。
ナツオ　眠い。
母　最初のうちはクタクタになって帰ってきて……。
ナツオ　今もだよ。今もめっちゃ疲れる。
まほ　例えば、どんな時間割なの？
ナツオ　うーんと、最後に同じ勉強が続くことが多い。
まほ　えっ？　それって6、7時間めが国語になるとか？
ナツオ　えーっと多いパターンはぁ「図工図工」。それか「家庭科家庭科」。
まほ　あー、実技が続くんだ。
ナツオ　そうそうそう。
まほ　それはそれで疲れそうだなあ。
ナツオ　家庭科はマジでダルい。
まほ　例えば何するの？
ナツオ　縫い物とかやる。
まほ　給食のあと、5時間めあって、さらに6、7時間めに縫い物って、集中力続かないよねえ〜。小学5年生の家庭科って、今どんなことしてるの？
ナツオ　玉結び、玉止めが終わって、並縫いが始まったところ。
まほ　ほかに苦手な教科ある？
ナツオ　……（お母さんのほうをチラチラ）。
母　いいよ、自分の気持ちを言って……お母さんはアッチ行ってようかな。
まほ　アハハハ、ありがとうございます。
ナツオ　……（少し黙って）さ、さ、んすぅ〜か、なぁ〜？
まほ　へえ〜。

ナツオ　ンまあ、苦手ってわけでもないですけど、ンーまあ、いちばんストレスと体力を使います。

まほ　急に敬語（笑）。なんで苦手なんだろう？

ナツオ　ンーそれはぁ、なんでなのかはわからないんですけどぉ、7時間めは40分授業でいつもの45分授業より短いのにぃ、それでも長く感じるんです。

まほ　憂鬱だからなのかな。

ナツオ　……イエ〜ス。

まほ　じゃあ、逆に得意なのは……。

ナツオ　やはり、図工ですね。

まほ　歴史好きじゃなかった？

ナツオ　歴史はねーあのー6年生です。

まほ　あ、まだ歴史の授業ってないんだ。

ナツオ　なぁーい。

まほ　やりたいでしょ？

ナツオ　やりたいけど、やらしてくれへん。

まほ　社会科は違うんだ。

ナツオ　5年の社会はぁ、国境とかそんな感じ。

まほ　国境かあ。

小学生男子は、ゲームに夢中。

ナツオ　で、今日の本題は？

まほ　えー本題っていうか……うーん、ナツオくんのことを教えてほしいっていうインタビューで……。どんなことに興味があるとか…。

ナツオ　ゲームが好き。学校でもゲームはめっちゃ流行ってるで。

まほ　それは、男女問わず？

ナツオ　うん。みんな。今は『あつ森』やな。

まほ　やっぱりそうかー。じゃあ、持ってない子はいないくらいなんだ。

ナツオ　うん、ほぼ持ってる。

まほ　お母さんー。

母　ハイハイ。

まほ　Ｓｗｉｔｃｈ買うときって、勇気いりませんでしたか？

母　あーそうですねー。ウチはそんなに買うのが早いほうじゃなくて……去年のクリスマスだったんですけど……。

まほ　それって、どのくらい我慢した感じ？

母　発売からは1年以上経ってたよね？

ナツオ　（ウンウンうなずく）

母　この子の仲良い友だちが、ご両親もゲーム大好きで。で、発売と同時に買ってたんですけど……ただ、もうひとりの親友はゲーム買わないおうちで。

まほ　あ、それは助かる。

母　で、その子と一緒に持っている子のうちに遊びに行って順繰りにやらせてもらうっていう感じになっていたんだけど……。

ナツオ　そう。そんな感じでみんなでやってたんやけど、あんな、そのゲーム持ってない親友がな、花火大会でな、出店のな、くじ引きで1等が当たって……。

まほ　えー！　まさか……！

ナツオ　入場料2000円で行った花火大会で3万円のＳｗｉｔｃｈが当たった。

母　せやねんなー（苦笑）。

ナツオ　信じられへん。

まほ　あれって当たりクジちゃんとあるんだ……。

母 しばらくゲームは買わないだろうっておうちの子に当たっちゃって（苦笑）。それで、そのあとナツオにはお手伝いやら、テストの点数やらのミッションを課し、それでまずソフトを買う権利を得て。そして最終的にようやくクリスマスでプレゼントしてもらった……という。

まほ うわー。それ、けっこうキツくない？　目の前にソフトがありながらゲームできないって。

ナツオ ？

まほ じゃあさあ、そのソフトを友だちの家に持って行ってやらせてもらうって感じなの？

ナツオ いや……？

あとから気づいたのですが、今ってゲームソフト、配信もあるんですよね。ファミコンのゲームカセットを想像して話してました。恥ずかしい！

母 まあ、ゲームがないときはないなりにうまくやっていましたよ。見せてもらったり、借りたりして。

まほ あー大人のほうが買ってあげたほうがいいのかな？　とか気になっちゃいますよね。

母 こっちも絶対買わない！　ダメ！って感じでもなかったんで。時期が来ればいつか買ってもらえるってことで、そこまでゴネたりはなかったですね。

まほ 実際買えば、大人もやっちゃいますしね。

ナツオ イエース。

母 イエース（笑）。

様々なミッションをクリアした者が…
Switchを手にできるのだ！
テスト
時間
約束
お手伝い

これからもずっと一緒。親友グループ。

まほ　歴史好き活動のほうはどんな感じなんだろう?

ナツオ　今は日本史より中国史。

まほ　へー!

ナツオ　中国史とか言ってるけど、ま、全体的に三国志。

まほ　三国志好きって多いよねえ。

ナツオ　俺の親友にも三国志好きなやつひとりおる。

まほ　やっぱり漫画で?

ナツオ　うん。ヨコヤマミツテル。

まほ　偉大だ……。

ナツオ　あと、小説版も読んでる。

まほ　お~。

ナツオ　あと、大親友グループの下にある〝準親友グループ〟の中にも三国志好きなやつひとりおる。

まほ　大親友グループの下にある準親友グループ!?

ナツオ　うん。大親友は保育園のときに会ってからずっと一緒で、これからもずっと一緒に生きていく! って感じでー。準親友グループはぁ、小学生のころに出会って、めっちゃ遊んでるグループ。

まほ　保育園のときに出会った大親友たちとは、小学校も一緒?

ナツオ　そう。中学も高校も大学も一緒になる予定。

まほ　そうなの!?

ナツオ　そのぐらいの、仲!

母　中学は一緒かもしれないけど、高校か

らは自分で選ぶんだよ。

ナツオ　え、一緒のところ選んで行く。

まほ　大親友何人？

ナツオ　3人。

まほ　大阪で去年会ったときに何人かで遊んでたよね。あれは大親友グループ？

ナツオ　いや、あれは大親友でも準親友でもなくて〝特別親友グループ〟！

まほ　まだ違う親友グループが……！

ナツオ　別の学校に通っている親友。

まほ　大親友は3人で……準親友は何人？

ナツオ　数えきれないほどいる。

まほ　わーすごいね。いっぱい親友がいていいじゃん。

ナツオ　うん。

まほ　喧嘩とかしないの？

ナツオ　めーっちゃする！

まほ　そうなんだ！

ナツオ　喧嘩するほど仲が良い。大学まで一緒の学校に行く。

まほ　そこは決まってるんだね（笑）。喧嘩したらどうやって仲直りするの？

ナツオ　えーっと、ふたりともめっちゃキレるんやけど、3分で仲直り。そのぐらいの、仲！

まほ　根に持たないんだねー。

ナツオ　イエース。

ナツオくん、画面に向かって何やら見せてくれました。

まほ　ん？　何それ？　三国志グッズ？

ナツオ　三国志マスキングテープ。これは、誰でしょう？

まほ　えー全然わかんない。諸葛孔明？

ナツオ　呂布。

まほ　知らない……呂布カルマしか知らない……。

ナツオ　（マスキングテープを剥がしながら）じゃあ、これは誰でしょう？

まほ　もー全然わかんない……諸葛孔明。

ナツオ　ブッブー。不合格。めっちゃ有名！　劉備、孫権に並ぶ英雄。じゃあコレは？

まほ　わかんないよー諸葛孔明しか知らないもん。

母　ハハハ！

ナツオ　正解は曹操。

まほ　パンダみたいな名前だね。

ナツオ　じゃあ、これは誰？

まほ　もー諸葛孔明!!

ナツオ　ピンポン！　正解。

まほ　優しいーありがとう（笑）。

コロナ後の日本はどうなる？

まほ　ナツオくんはさぁ、コロナこれからどうなると思う？

ナツオ　えーコロナ？　8月に第2波があって、9月ごろに第3波があると思う。

まほ　月1かあ。テンポ速いなあ。

ナツオ　そう思ってる。そんだけ間隔が短くなってきてると思う。

まほ　そうかぁ。世の中はどう変わったりするかな。

ナツオ　ゲーム屋さんは儲かりそうだけど……うーんわかんないなあ。

まほ　自分の生活は変わった？

ナツオ　うん、変わった。インターネットに頼るようになった。

まほ　なるほどね。友だちともネットで会ってたんだもんね。
ナツオ　日本、これからどうなるんやろ。
まほ　どうなるかな？
ナツオ　……うーん、どうなるんやろ……。うーん……。
まほ　……。
ナツオ　……。ま、政治家にかかってる。
まほ　おおー。
ナツオ　今第2次が来てるから、もう1回補償せなあかんと思うねんな。
まほ　なるほどー。
ナツオ　首相は多分イラつくやろうな。
まほ　へェ〜！
ナツオ　それでマスクをもう2枚送ってくるかもしれん。
まほ　（笑）。

このインタビューを行ったのが7月11日。この約2週間後に政府による布マスク追加8000万枚配布のニュースが！　しかしその後、追加配布は断念したようですが、ナツオくん、かなり鋭い読みをしてたね！

おしえて！　その後のコドモたち

親友がグループ分けされていたこと、お母さんはこのときのインタビューで初めて知ったらしく、とっても驚かれていたのですが、その後、大親友グループと準親友グループがなんと合体したそうなんです。最近はバスケを始めたり、猫が家にやってきたり。楽しいことが増えたナツオくんですが、最近いちばんの疑問は、「この状況で、政府はどうしてオリンピックをやるのか」だそう。変わらず鋭い視線を世の中へ送り続けています。

昭和が大好きな小学4年生!?

no.
15

りんたろうくん（10歳）
2020年9月取材

今回のインタビューもリモート取材でお届けします。画面の向こうに現れたのは色白で細面なりんたろうくん。取材が始まる直前まで宿題をしていたそう。連載をしていて本当に感心するのですが、取材した子どもたちのほとんどがインタビュー前に宿題を済ませているというのです。今の小学生はサボる子がいないのかしら？　わたしなんて全部後回しだったけどなあ……。

そんなわけで、宿題を終えスッキリしたりんたろうくんにインタビューです。挨拶をするとすぐに隣にいたお父さんは席を外しました。「僕がいないほうがりんたろうはしゃべるんで」とのこと。

歴史の長い小学校に通っています。

まほ　こんにちは。

りんたろう　（黙ってお辞儀）
まほ　宿題やってたんだってね。
りんたろう　……はい。
まほ　夜ご飯はもう食べた？
りんたろう　……まだです。
まほ　……学校はどう？
りんたろう　うーん……まあまあ。
まほ　通常授業なんだよね。
りんたろう　でも……まだ給食は前を向いて食べてて……。
まほ　ああ、しゃべっちゃいけないって聞くよ。
りんたろう　そう……しゃべれない。
まほ　今10歳なんだよね？
りんたろう　……うん。
まほ　「2分の1成人式」やる年なんじゃない？
りんたろう　（眉間に皺を寄せ、渋い顔をして）いや〜ない。
まほ　あ、今はどこでもやるのかと思ってた。
りんたろう　うちは前からなかった……たぶん。
まほ　そうか、そうか。じゃあ、りんたろうくんの小学校ってどんな感じの学校なんだろう。
りんたろう　うーん……古い。
まほ　校舎が？
りんたろう　いや、あの、年代が。
まほ　昔からあるってこと？
りんたろう　うん。
まほ　学校の歴史が長いっていうのは、何がきっかけで知ったの？　お祭りがあったとか？
りんたろう　入学式のとき、140周年って言われて……。
まほ　140周年！　それはすごいね。わたしも入学式のときのこと覚えてるよ。2年生がキラキラ星を歌ってくれたこととか……。りんたろうくん、ほかにも覚えてる？

りんたろう　うーん……何歌ったかはちょっと……。

まほ　まあ、そうか……。

りんたろう　あ、2年生の人が演奏を披露してくれた。

まほ　なんの曲だろう。

りんたろう　えーっと、なんだっけな……昭和の歌。

まほ　昭和の歌！

りんたろう　うーん、ソファ、レファ、ソ……。

まほ　えっ音符で覚えてるの!?

りんたろう　自分も2年生のときに演奏したから……。

まほ　そうかそうか。歌では覚えてないんだ。

りんたろう　うん、指の位置で……。

まほ　ピアニカかな。

りんたろう　うん。ミ、ソ、ミ、ソ……次は高いド？　かな。

まほ　ちょっと待って、ピアノのアプリ、ダウンロードして弾いてみる。

りんたろう　なんだっけな……。

まほ　よし！　ダウンロードできた！　ソファ、レファ……わー音譜だけわかってもテンポわかんないと曲にならないね。ミ、ソ、ミ、ソ……。

りんたろう　……あ！　思い出したー！

まほ　なに!?

りんたろう　『学園天国』！

まほ　『学園天国』かー！　それを入学式に演奏するんだ！　そして、たしかに昭和！

りんたろう　ハー（満足そう）。

まほ　よく「昭和」感をわかってるねえ。

りんたろう　お母さんたちが言ってた。

まほ　たしかに。『学園天国』聴いたらわたしも「昭和だね」って言うわ。キョンキョンじゃなくてフィンガー5のほうね。じゃあさ、りんたろうくんにとって「昭和」ってどんな時代のイメージ？

りんたろう　……うーん、戦争が終わった時代。

実は昭和なものが好き！

最初は照れ気味だったけど、だんだんエンジンがかかってきたりんたろうくん。様子を見に部屋にお父さんが入ってきました。

りんたろう　ねえねえ、昭和ってどんな時代？

まほ　お父さんに聞いたら、答えられるに決まってるよー。

父　何言ってんだよ。りんたろうが好きなもの全部昭和じゃん。

まほ　そうなんですか？

父　好きな映画は？

りんたろう　ジャッキー・チェン（即答）。

父　アニメは？

りんたろう　アラレちゃんとガンダム（即答）。

まほ　へェ〜！　わたし、ジャッキー・チェンに会ったこと、あるよ！

りんたろう　えっ（目を輝かせる）。

父　スゲー！（興奮）

まほ　ガンダムっていってもいろいろあるよね？

りんたろう　話は『Zガンダム』が好き。『機動戦士』のほうはモビルスーツの形が好き。

りんたろうくん、鼻息が荒くなってきて、お父さんのほうをチラチラ見ながら話しています。

りんたろうくんのご両親は古本屋さん。きっとお父さんとお母さんが「昭和」の先生なんですね。

まほ ガンダムで好きな話とか、説明してもらえる？

りんたろう エピソード40（即答）。「エルメスのララァ」。ララァとアムロがわかり合える回。これは運命……とかそういうのがわかってくるのが面白い。

まほ ララァって女の子？

りんたろう うん。

まほ ふたりは恋人同士なの？

りんたろう うーん、まあまあ……かな。ニュータイプ同士で……。

まほ うーむ、これはガンダムがわかっていないとまったくついていけないいな……。りんたろうくんは、どんな風にガンダムを観るんだろう？ 共感したり？

りんたろう 自分がアムロの気持ちになって「この運命だったら、自分はどうだったろうなー」って考える。

まほ ちなみに、アラレちゃんだけど。どんなキャラが好きなの？

りんたろう ウンチ。

まほ （笑）。

ブレない昭和テイストは続く。

りんたろう あの……けっこう前の話になっちゃうけど、聞いてもいいですか。

まほ はいはい。

りんたろう ……ジャッキー・チェンに会ったときってどんなだった？

まほ　ああ（笑）。たぶんりんたろうくんと同じ年くらいのときに、香港に家族旅行で行って。ペニンシュラホテルって高級ホテルのロビーにある喫茶店でお茶だけしようって入ったの。高くて泊まれないから。そしたら、ジャッキーが打ち合わせかなんかしてたんだよね。サインもらって、写真も撮ってもらった。

りんたろう　へ〜。

まほ　ジャッキーの映画では何が好きなの？

りんたろう　『酔拳』。

まほ　新しいほう？

りんたろう　いや、1作め。

まほ　りんたろうくんは有名人に会ったことないの？

りんたろう　うーん……ないけど……家の前なら通ったことある。

まほ　誰の家の前？

りんたろう　伊東四朗の家。

まほ　伊東四朗知ってるのがイイね（笑）。今やってるテレビとかは観てる？

りんたろう　うーん……『時効警察』観てる。Amazon Primeで。

まほ　これまた、いまどきの小学生らしからぬ……。

りんたろう　『帰ってきた時効警察』と『時効警察はじめました』……。くだらない感じが好き。

まほ　今は『鬼滅の刃』とかじゃない？

りんたろう　いやー……観ない。観ようとも思わない。

まほ　えーそれじゃあ友だちと話できないでしょう。

りんたろう　趣味が合うヤツがいない。

まほ　話を合わせるために観てみようとか思わないの？

りんたろう　ない。まったく興味がない。

まほ　ゲームは？

りんたろう　ない。

まほ　『あつ森』とか……。

りんたろう　いや−興味がまったくないから。

まほ　Nintendo Switchは？

りんたろう　欲しくない。

まほ　ほえ〜。

りんたろう　あ、またタカシが来た。

まほ　友だち？

りんたろう　いや……。

まほ　あ、お父さん。お父さんのこと「タカシ」って呼んでるんだ。

父　そう仕向けたワケじゃないんですけど。「お父さん」って呼んでくれないんですよ。一度も。

まほ　お母さんのことは？

りんたろう　「ねえねえ」って呼ぶ。

父　でも、おじいちゃんおばあちゃんは「ジイジ」「バアバ」だよな。あ、でも僕の父親のことは「おとうさん」って呼んでるな。僕や母がそう呼ぶから。

まほ　それよりお父さん、りんたろうくん、Switch欲しくないらしいですよ。

父　そうなんですよ。買ってあげるよって言っても「いらない」って。

まほ　スマホは欲しいんじゃない？

りんたろう　欲しいと思ったことがない。

まほ　すごい。尊敬しちゃう。仲良い友だちはいる？

りんたろう　いる。ダイチとか。

まほ　ダイチとは何話すの？

りんたろう　リレーの順番とか。「あいつ速いから順番後ろのほうだな」とか。

まほ　(笑)。
りんたろう　あと、係の話。
まほ　何係なの?
りんたろう　新聞係。
まほ　へえ~りんたろうくんの作る新聞、面白そうだなあ。編集長はりんたろうくん?
りんたろう　そういうの、決めないようにしてる。決めても面白くないから。
まほ　お父さん、りんたろうくんの新聞読んだことありますか?
父　ないですねえ。持って帰ってきたことないよね?
りんたろう　欲しい人がいると、持って帰れるんだよ。
まほ　人気なんだ。
りんたろう　まあね。
まほ　新聞に名前はついてる?
りんたろう　ちょっと前まで『4の3おもしろ新聞』。今は『わくわく新聞』。
まほ　趣味の話だけどさ、友だちと話したいなあって思わない?
りんたろう　思わない。押しつけても相手がわかんないと面白くないから。
まほ　大人だなあ。逆に鬼滅とかの話についていこうとは……。
りんたろう　思わない(キッパリ)。知ったかもすぐバレる。知ったかぶりやってたら、絶対バレるんだよ。

怖いのは毒性のある生き物。

まほ　じゃあさ、りんたろうくんはひとりでも嫌じゃないんだ。
りんたろう　うん、ひとりは全然だいじょうぶ。

有鱗目 コブラ科
見るからに怖い
サンゴヘビ。
ヘビの中で
一番強い
神経毒
南・北アメリカ大陸に分布
…りんたろうくん、日本には
いないから安心して！

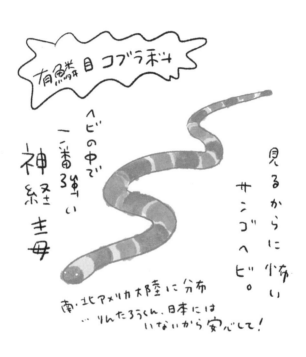

まほ　夜に家でひとり、とかは怖くない？

りんたろう　ここらへんセミとか何かしら虫とか鳴いてるから、怖くない……。……静かすぎるのは、ちょっと怖いけど……。

まほ　なるほどね。オバケは信じる？

りんたろう　信用してない。

まほ　信用（笑）。

りんたろう　一切、ってことはないけどぉ……まあ、信じてない。

まほ　お化け屋敷とかも平気？

りんたろう　お化け屋敷に入ったら、オバケに弁慶の泣きどころぶたれたことある。

まほ　ああ、怖いというより痛いね。

りんたろう　オバケが転んで……。

まほ　オバケが転んだら怖くないねえ……。なんか苦手なものとか、怖いものとかないの？

りんたろう　……生き物とかが……。

まほ　あ、生き物が怖いんだ。虫とか？

りんたろう　……毒蛇とか……コウモリとか。

まほ　はは～毒や菌を持っている系かな？

りんたろう　蜂は、1回めは大丈夫だけど、2回めが怖い。

まほ　アナフィラキシーってやつだ。

りんたろう　コウモリは糞に毒性がある。

まほ　へえ～そうなんだ。毒に敏感なんだね。

りんたろう　人間を襲ってきたりするのが怖い。

まほ　こないだ、ロシアで政治家が毒を盛られたけど、知ってる？

りんたろう　知らない。

まほ　前にウクライナの元大統領も毒盛られて……。めっちゃ怖かったよ。毒が怖いっていうのは、なんか、本でも読んだの？

りんたろう　（黙ってうなずく）

まほ　でも、滅多にないでしょう。毒蛇が襲ってくるとか。

りんたろう　まあ、血清があるからねえ……。サンゴヘビだったらイヤだな……。

まほ　サンゴヘビ、怖いんだ。

りんたろう　いちばん猛毒がある。

Ｓｗｉｔｃｈにも鬼滅も興味がなくて、オバケよりも毒が怖いりんたろうくん。冷静に物事を見据えているようなちょっと不思議な男の子でした。１年後、２年後の彼はどんな考えを持っているんだろう。また聞いてみたいです。

おしえて！　その後のコドモたち

インタビューを「なつかしいなぁ」と振り返るりんたろうくん。テレビで“海の殺し屋”と呼ばれる「イモガイ」という猛毒の貝を見て、これはりんたろうくんに聞いてみなくちゃ……と、近況を聞くついでに尋ねたところ、家にある『有毒動物のひみつ』という本で探して見つけてくれました。そんな本、もってるんだね〜。もちろん、今も Nintendo Switch には興味ナシ。ジャッキー・チェンは大好き！　最近新しく好きになったものは、トランペットなんだって。

子育てで大切なことは？
幼児教育学者の小川先生にインタビュー！

番外編

子どもができるまでは、「子育て＝躾《しつけ》」だと思っていました。しかし実際にやってみると「どうやらそれだけじゃないぞ？」ということに気づきました。毎日息子と接していると、「礼儀作法」「規範」「規律」以外の言葉にならない、学ぶべきことが子どもにはたくさん、たくさんあるということを痛感します。「～をしてはいけない」と教える前に「なぜ～をしてはいけないか」を考えられるといいな……。近ごろそんなことを考えています。とはいえ、子育てはそれぞれで、親によって、環境によっても違うもの。友人・知人の考えやインターネット、メディアで目にする意見にも左右されがちです。

そんなわけで、子育てのヒントを探るべく、幼児教育学者の小川博久先生にお話をうかがいました。

小川博久先生

2018年2月取材

教育学は面白くない!?

小川　よくいらっしゃいました。ドーゾドーゾ。

まほ　失礼します。ゴソゴソ……（掘りごたつに入る）。

小川　もーなーんでも聞いて。なーんでも答えますから。

まほ　はい、よろしくお願いします。

小川　昨日は補聴器がハウリングを起こしていたけど……、今日はなんとかね、ダイジョウブ。うん、うん。

小川先生は御歳81。学者歴50年のベテランなのです。

まほ　先生は、なぜ幼児教育の道に進まれたのですか。

小川　もともと、親父が学校の先生やってたの。大学、大学院で教育学を学んでいたんだけど、学校で習う〝教育学〟って面白くねーなって思ってた。だから、学生運動の連中と読書会開いたり、政治活動にも参加したり。そっちのほうが面白かった。一時はジャーナリストを目指そうと思ったこともある。編集者の友人と、マルコムXやカストロとチェ・ゲバラの手紙、アイザック・ドイッチャーの論文などを翻訳して読書新聞に掲載したり……、とにかく勉学の面白さを常に求めていたね。

まほ　〝教育学〟は面白くなかったんですか。

小川　授業がクソつまんなかった。

まほ　（笑）。

小川　まあ、それでも卒業して、北海道教育大学の釧路校ってところに勤めたわけ。そうそう、あるときNHKの地方局で、高校生のアナウンスや朗読のコンテスト番組の審査員をやってね。東大出身の部局長と意見が一致して、その人に誘われて飲みに行ったんだよ。そこでさ、〝オヒョウのエンガワ〟を食べたんです。知ってる？　〝オヒョウのエンガワ〟って。

まほ　知りません。

小川　オヒョウって、でっかいカレイみたいなやつ。初めて食べたんだけどさ、あいつのエンガワがうまかったんだよ～。

妻　パパ、話が逸れてる。

小川　ああ……そうか。

妻　シマオさん、聞きたいことがあるんだから。

小川　すぐ脱線するから、気をつけて。

まほ　自分で言ってる（笑）。

小川　それで……なんだっけ。

まほ　高校生の審査員をして……。

小川　ああ、そうそう。まあ、それで北海道のあとに東京へ戻って、東京学芸大学の幼稚園教育に勤めたときに、幼児教育の研究に転向するんだな。

まほ　結局、教育学には進まれなかったんですね。

小川　学問でも、高校生の朗読でも「遊びの精神」が大切だと思ったの。真面目だけじゃなくて、楽しむ、喜ぶ。楽しむ、喜ぶことの原点は子どものころの遊びだってね。わたしも自分の幼児期に楽しかったことは強烈に覚えている。子どものころに住んでいた伊豆大島の海で、夏になるとお昼すぎから夜まで……。そうだなあ、8時間は夢中で遊んでいたなあ。

まほ　海で8時間！　ふやけそう。

小川　親父に怒られたけどね……。しかし、その遊びへの集中力こそが保育の神髄だと、わたしは思う。

まほ 神髄……！

小川 保育は「遊びを援助すること」というのが現在の定義だけれど、これほど難しいことはないの。わたしも長年やってきて、やっと最近気づいた。あのね、「遊びを援助」するなら「遊びを読む」ことができないとダメ。

まほ 「遊びを読む」……とは？

小川 サッカーでも、攻めているときはトコトン攻めるでしょう。その反対で、ダメなときにがむしゃらになったって、余計ダメになるだけ。いずれも、監督が先を読んで冷静に判断することが必要。選手が〝ノって〟いるときは、監督も一緒にその高揚感を共有しつつ、指揮をとる。これが難しい。

まほ なるほど……。親は〝監督〟なんですね。

小川 いわゆる〝ノリ〟を幼児期に知ることが大事だと、わたしは思う。興奮して、集中して、すべての感覚が研ぎ澄まされる。そのときにベストの判断ができる。それは平常時の客観視とはまったく違う。それによって素晴らしい結果をもたらす。いわゆる「神憑《かみがか》った」状態。この間※の羽生結弦のようにね。

まほ たしかに、あのときのユヅは神憑っていた……！

小川 完全に浸り、精力的に集中している状態のフロー感覚。これを幼児期に体験していることが大切。

まほ 子どもは飽きっぽいとよくいわれたりもするけど……。

小川 それはない。飽きっぽいからといって、次はアレ、今度はコレとやらせるべきではないと思う。子どもは「過剰体験」ができるし、す

※2018年2月の平昌冬季五輪にて、フィギュアスケートの男子フリーで羽生結弦が66年ぶりの五輪連覇を達成。

べきだと思うよ。ただ、今の日本の社会が「我を忘れる」ということを良しとしているのか？　といえばそうとはいえない。

まほ たしかに、子どもって1度没頭すると際限がないですよね。

小川 気がついたら何時間も経っていた、なんてことが幼児期に体験できたら理想ですね。今の保育園でフロー体験はなかなか……難しい。でも、日本には昔から「祭り」がある。祭りは集団でリズムを作ってフローを体験する。実は日本人ってフローの集団体験は得意なの。

関心を持ちながら同時に放っておく。

まほ 最近構いすぎはよくないと思い、子どもを放っておくことが多くなりました。ただ、あまり放任だとそれはそれで良くないのではと不安になったり。

小川 まず、子どもの動きを束縛しないことが大切。だから、放っておくことは構わないの。けれど、関心を失わないことが重要。注視する、そして子どもの手の内を読んで、そのうえで放っておくの。

まほ それはそれで難しそう。手を出すほうが簡単だったりしますよね。

小川 かわいいから手厚く、と思ってしまうけれど、手薄にすることもしないと。ご飯を作るときに子どもを抱っこしながら、ではなくて、子どもをそこに置いて、ということも大事。子どもにとっては、自分に向けられていた親の関心がご飯作りに移ってしまうでしょう。そうすることによって大人が子どもにとって憧れの対象になり得るんだよね。

まほ 憧れの対象、ですか。

小川　子どもは憧れの対象となる大人の真似をしますよね。その始まりは遊び、なのだけど。

まほ　そうですね。行動も言葉も、よく真似をしますね。

小川　弟子が師匠の技を盗む、歌舞伎の家の子どもが親の舞台を観て真似をし、やがて2代目になる。そんな徒弟の関係にも近いんだ。子どもは親の生活の中での活動に憧れ、それをモデルにするの。だから、親は子どもにとって憧れの対象にならないといけない。

まほ　たしかに子どもにベッタリだと、憧れてもらえないかも……。

小川　ファン心理だから。その距離感が大事。

まほ　逆の立場になることがあるかも……、親が子どものファンになっているような。さじ加減が難しいですね。注視はしなければいけないけれど、手は出さず。憧れの対象になる。いわゆる……ツンデレ？

小川　そのためには定点観測を欠かさないことが必要。子どもは自ら育つもの、ということを忘れないで。

まほ　「親はなくとも子は育つ」と、わたしの両親はよく言っていました。

小川　自分の意思で動き、モチベーションがあり、人格がある。その認識をしっかり親がもたないと。

まほ　子どもの意思は二の次に、こちらの都合で動いてしまうことも多いです。

小川　親の都合も大切だからね。そこで定点観測が大事なの。子どもが自分で動くタイミングで、親はサッと手を引く。その時間を自分にあてる。そのペースをうまく掴んでアレンジできるようになれば良い。まあ、なかなかそうもいかないけれど。

まほ　手を出さなくてよいところで手を出したり、声を掛けてしまって、遊びの流れを断ち切ってしまったな、と思うことがあるんです。それをきっかけに「構ってモード」になってしまい、失敗したな……と。知っている歌を歌っていたから、思わずその先を歌ってしまったり、ついつい気になって「何してるの？」と言っちゃったり。でも、そのときこそが集中の入り口だったのかもしれません。

小川　子どもは幼児期という、大人とは異なる生き方のフィルターをとおして育つからね。それはわたしたちも同じ。わたしなんか、弟が庭にしたウンコの上にジャンプして乗っかったことなんか、今も鮮明に覚えているからね。

まほ　……その思い出が先生を東京学芸大学名誉教授にさせたんですね。

小川　そうだよ！　ホッホッホッ！

インタビューを行う前、先生に「子どもが癇癪《かんしゃく》を起こすのですが……」とか「愚図ったときは……」、なんて質問を用意していたのですが、先生のお話は最初から核心をついていてとても興味深かったです。子どもの発達のリズムを把握して、育ちのをサポートする。躾にしろ教育にしろ、そんな基本が大切なのだと納得しました。

最後に、子どもを叱るときの心構えを先生に教えていただきました。それは「嫌なことから逃げない」。本気で叱ることは親にとってもつらいこと。でも、その「対決」から逃げてはダメ、と先生。「お父さん、叱ってちょうだい」と責任を他人に押しつけることは「サイアク」。ちゃんと大人の責任と覚悟をもって、子どもと向き合いなさいと先生に教えられました。わたしには耳が痛い言葉でした。

今の自分を支えているのは楽しかった子ども時代の体験の数々。そして、そこにはいつも見守ってくれていた両親がいました。最初からうまくはできないけれど、いつか名監督になって息子と最強のチームになれたら。

先生の教えを胸に、日々を過ごしたいと思います！

小川博久

1936年、東京都生まれ。専門は、幼児教育学。早稲田大学教育学部教育学科卒業。東京教育大学大学院博士課程修了。東京学芸大学名誉教授。著書に『遊び保育論』（萌文書林）、最新の共著に『授業実践の限界を超えて』（ななみ書房）など。2019年9月18日に満83歳で逝去。瑞宝小綬章受章。

先生のお宅の居間でこたつに入りながらの、のんびりインタビューでしたが、先生のお話はユーモアの中に鋭い指摘がいくつもあって、何度読み返しても発見と驚きがあります。小川先生、ありがとうございました!!

この本をつくった いつかのコドモたち

岩﨑僚一（書籍編集）
授業中じっとしていることが非常に苦手で、「トイレに行ってきます」と嘘をついては教室から脱出していたほど落ち着きのない子どもでした。

皆川彩乃（Web Domani 連載編集）
縄跳びと一輪車が得意な運動神経の良い好奇心旺盛ガール。ただ銀杏の臭いはダメだったので、当時秋が嫌いでした。

小川知子（連載＆書籍編集）
家では陽気な完全な内弁慶でした。臨場感を高めるべく、机の下や布団の中で懐中電灯で本を読んでいたため視力が著しく低下したことが悔やまれます。

田中麻以（カメラマン）
家で漫画を読んだり手芸をしたりするのが大好きな子で、「ずっと家にいられるから」という理由で将来の夢は漫画家でした。

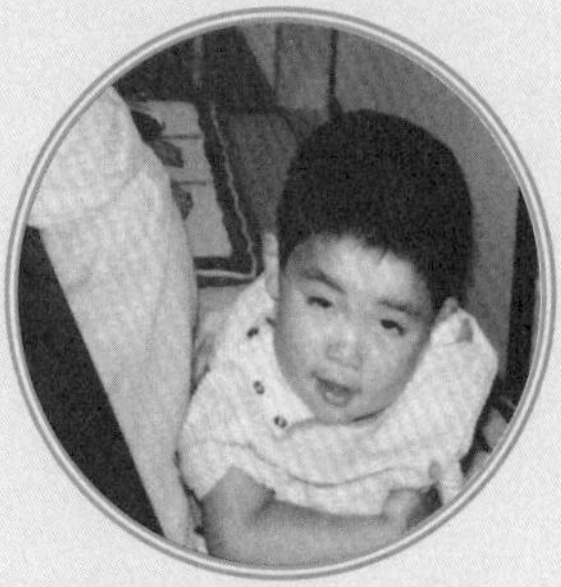

根本真路（デザイナー）
「笑いが止まらなくなる状態」に落ちるのが好きで、いつもふざけていました。どうも自分の息子も同じようなので、おふざけを手伝うようにしています。

こんなにいました

連載に登場してくれたコドモたち!!

4年間の連載をとおして登場してくれた子どもたちは、総勢36名。それぞれに個性豊かな面々とおしゃべりしながら時間を共有しました。インタビュー当時を振り返りつつ、現在の“コドモ”たちの近況をお届けします！

ちさちゃん

（小5 ⇨ 中3）
2017年4月取材

星野源ファンで、『逃げ恥』は“安全なドラマ”なのでお母さんと一緒に観られるんだよって教えてくれた図書委員のちさちゃん。いちばんの自慢は、従姉妹のお父さんがフランス人なことでした。初対面でほっぺにチューされてビックリしたんだって。インタビュー中はずっと箸袋をネジネジしていて、最後は紐みたいになってました。そんなちささゃんも中3になり、BTSにハマり中。家のタブレットでお友だちとLINE通話を楽しむ毎日。まだ彼氏はいないんだそーです！

みせいくん

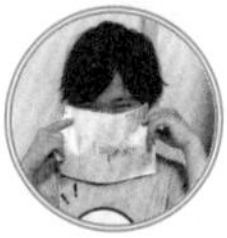

（小5 ⇨ 中3）
2017年6月取材

編集者の叔母さんがプレゼントしてくれたうんこドリルを「汚い」とあまり喜ばなかったみせいくんは、漫画と小説を書いては学校で発表する男の子でした。ホラー小説を書いているとグロい想像が無限大になってしまい怖くなってしまうそうで、そんなときは「ひつじのショーン」を抱いて寝る、と話してくれました。高校受験を控えたみせいくん。今は作家活動はひと区切り。将来は、「医者か警察官」を目指しているんだって！

ひなたくん

（小3 ⇨ 中1）
2017年5月取材

近所にあるお母さんの実家で過ごすことが多かったひなたくん。理容室を営むそのご実家にうかがったのですが、店にかかる「男前パーマ」のどデカい看板が目を引きました。ひなたくんのイチ推しエピソードといえば「欽ちゃんの仮装大賞に出た」こと！ しかも2年連続！ 2年めは満点をもらい、（香取）慎吾ちゃんに褒められました。当時5歳だった弟に手を焼いていたひなたくんですが、中学生になった今、小学生の弟と同じ野球チームで切磋琢磨しているようです。

あやめちゃん

（小4 ⇨ 中2）
2017年10月取材

インタビュー当時は恥ずかしがり屋で、原稿のほとんどが「……」か「コクリ（うなずく）」だったあやめちゃん。でも、小4にしてひとりで新幹線に乗って名古屋まで行ける強い女の子でもありました。TWICEの大ファンだったあやめちゃんですが今は「＝LOVE」と「モノクローン」という日本のアイドルを追いかけているそうです。彼氏はいないけど学校が楽しくて「毎日が楽しい」「青春だわ」「今がピーク！」と言っているんだとか。うらやまし〜!!

れんたろう かんたろう みいさ

（小1 ⇨ 小5）2017年7月取材

奄美大島に住む双子のれんたろうくんとかんたろうくんは、なかなかワイルドなエピソードの持ち主で。ばあばの家のタンスをぶっ倒したり、バットでテレビを叩いて壊したり、保育園から三輪車で脱走したり……しまいには「修学旅行で船に乗ってアメリカへ日帰りした」と出鱈目を話してました。小5になったふたりはゲームに夢中。体重が増加気味とか。奄美のおすすめスポットは「滑り台」と教えてくれた、お友だちのみいさちゃんはファッションやメークにも凝り始めた小学5年生です。

さいくん

（小2 ⇨ 小5）
2018年5月取材

お父さんとのコミュニケーションツールはガンプラ。空手の帰りに宇宙人を見たり、正夢やデジャヴをよく体験する不思議な男の子だったさいくん。その後、お父さんと『進撃の巨人』にハマり、哲学的なストーリーの顛末をめぐり議論を交わしているんだそう。コロナ禍でスケボーと出合い、バランス系スポーツにも才能を発揮し始めているんだとのことです。小学校は徒歩30分の場所ですが、バス代をお小遣いに上乗せするため、毎日徒歩で通っています。

かんくん

（小3 ⇨ 小6）
2018年4月取材

クラシックバレエを習っていることをひた隠しにしていたかんくん。「やりたいことが見つかるまで」という約束で続けていましたが、サッカーを習うことにしたのをきっかけに辞めたそうです。辞めてもなお、バレエの件は周囲に隠したままなのだそうですが、サッカーで区の選抜に選ばれ、コーチに「体幹がしっかりしているけど何かやっていたのか？」と聞かれたんだとか。真実を語ることはなかったものの、バレエのおかげで今がある、と感謝をしているそうです。

ささねちゃん

（小5 ⇨ 中2）
2018年11月取材

ささねちゃんのインタビューはDJである叔母さんの李ペリーさん同伴で、ダンススクール終わりに近くのカフェで行いました。TikTokでダンス動画をアップしていたささねちゃん。今はTikTokはやめてモデル事務所に所属し、アーティストとして活動中。日本代表チームに所属するほどのダンスの腕前でしたが、今は妹たちと遊びで踊る程度。もっぱらスケボーに情熱を注いでいるんだとか。絵も大好きでオリジナルグッズを作ってみたりしているんだって。

たいようくん

（小5 ⇨ 中2）
2018年9月取材

保育園からの仲良し“小池”とふたりきりで、お小遣いを使ってラーメンを食べに行った思い出を大事そうに話してくれたたいようくん。スケボーでオリンピックを目指すほどの腕前で、頻繁にお母さんと車で練習場まで通う生活でした。中2になった今もスケボーは続けていて、東京オリンピック会場の本番シミュレーションで、テストライダーとして参加したそうです。「小6くらいまでは観るかな？」と言っていた『ドラえもん』。今も変わらず大好きでグッズを集めています。

はじめくん

（小3 ⇨ 小6）
2018年12月取材

クリスマスの翌日に行われたインタビュー。サンタさんからのプレゼントの興奮が冷めやらぬうちにやってきたはじめくんと弟のひふみくんです。はじめくんがもらったのは『スプラトゥーン』のamiibo。ゲームをする時間は「本を読んだ時間ぶん」と言うルールがありましたが、今そのルールは破綻。最近ハマっているのは『フォートナイト』。当時から続けているテニス、上のクラスに上がると下手だと思われてしまうのでは、というのが今の悩みです。

カンタくん

（小6 ⇨ 中3）
2018年10月取材

年長から3年間、お母さんとお姉ちゃんとニュージーランドへ母子留学をしていたカンタくんはたくさんの思い出話をしてくれました。友だちの大きなお家に泊まりに行って広い庭で遊んだこと、楽しそうに話してたなあ。今は高校受験の真っ只中ですが、アメリカのドラマ『ビッグバン★セオリー』にハマっているそうで、いずれはアメリカにも行ってみたいと思っているんだとか。インタビューを読み返して「語彙力がなかったから恥ずかしい」とのことです。お、オトナだ……！

リカちゃん（小4⇨小6）
マリちゃん（小1⇨小3）

2019年11月取材

おしゃべりな妹のマリちゃんと冷静な姉リカちゃんのコントラストが楽しいインタビューでした。塾へ通う忙しそうなリカちゃんを見て、塾へは「めんどくちゃい。行きたくない」と言っていたマリちゃんでしたが、最近自ら志願して塾通いを始めたそうです。一方、リカちゃんはなんと両想いだった男の子にフラれたばかり。落ち込むのではとお母さんが心配したそうですが本人はいたってサッパリ、アッサリだそうです。マジ？　そんなことってある!?

トモキくん

（小6 ⇨ 中3）

2019年2月取材

料理、手芸が得意でインタビュー当日も手作りのみたらし団子でもてなしてくれ、我々を感動させたトモキくん。中学受験に合格した直後にお会いしたのですが、入学後テニスを始めて夢中に。得意だったTシャツのデザインもクラスで（3年間）任され、充実した中学校生活を送っているみたい。会ったころはお母さんの腰の後ろに隠れられるくらいの小柄な男の子でしたが、ついに身長が母を超え、グングン成長中です〜。

あまねくん

（小2 ⇨ 小4）

2020年1月取材

とにかく戦国武将にハマりまくっていて、ブロックで「陣」を作って遊んでいたあまねくん。会って早々に「賤《しず》ヶ岳《だけ》の七本槍」について説明してくれるスーパー2年生でしたが……戦国好きはさらに加速して、当時からお手上げ状態だったご両親はもうギブアップとのこと。通っているピアノ教室でも「『麒麟がくる』のテーマを弾きたい」と先生に直談判したり、プログラミングでも戦国ゲームを作るなど、戦国時代一色のよう。それどころか三国志、春秋戦国時代にも幅を広げているそうです。

ユマちゃん

（小6 ⇨ 中2）

2019年4月取材

インタビューでは主にTWICEの話が中心だったユマちゃん。今も変わらず絶賛応援中。「こんなにも自分が一途だとは思いませんでした」とコメントをくれました。TWICEをキッカケに韓国にもハマり、現在はハングルとJAZZ FUNKのダンスを習っています。TWICEのおかげで世界が広がりました。髪をピンクに染め、かっこいい女の子に成長しているユマちゃんです。ちなみにインタビュー中、横で大騒ぎをしていた弟のあいくんも長い前髪にグリーンのラインを入れたオシャレ少年になりました。

RHYMESTER（ライムスター）宇多丸さんがメインパーソナリティを務めるTBSラジオ『アフター6ジャンクション』で、準レギュラーとして『月刊しまおアワー』で月1出演中。

TBSラジオの番組で共演歴14年になるRHYMESTER 宇多丸さん。旧知の間柄の（たぶん）宇多丸さんが、本書『おしえて コドモNOW!』を一足先に読んだ感想、そして子ども時代の記憶について語ってくれました♥

宇多丸　特に目的もなく子どもに話を聞くという企画、ありそうでないよね。テレビの発言は、ほとんどが大人が望む型に合う発言を引き出すためのものだったりするけど、そうじゃなくて、子どもに自由に話させて観察し、それを記録してる。親が自分の子を記録するものはジャンルとしてあるけど、特に関係ない、いろんな子どもを並べて。面白かったし新鮮でした。

しまお　ありがとうございます。

宇多丸　発明と思った。僕は今のところ自分の子がいないから、そうすると、子どもとこんなに話をしたことがないというか、いまだかつて聞いたことがない人の話が出てくる。しまおさんが面白いからなんだろうけど、こいつらがこんなに面白いなんて！　みたいな。

しまお　子どもの意見って定まっていないところがまとめづらいんだけど、存在も含めてそのまとめづらさが面白かったりする。

宇多丸　最初と最後で言ってることが違ったりするもんね。

しまお　そうそう！　そこに注目すべきだと思ったんですよ。

宇多丸　これは企画もしまおさんが立てたの？

しまお　もともと、親子向けのサイト『ベビモフ』（講談社／現在は終了）の連載だったんですが、わたしが子育てコラムみたいなのはやりたくなくて。

宇多丸　やったとしても非難はしないけど、わかりますよ。あるよね、そっちにシフトしたかーって。

しまお　面白くできる気がまったくしなくて。それはいまだにそうなんだけど。自分の子どものことって、なかなか客観的になれなくて。だからできないなって思ってて。まだ出産前のことなんですが、あるトークイベントで知り合いの子どもを壇上に上げてインタビューしてみたら、しっちゃかめっちゃかになって面白かったんです。それを覚えてて、子どものインタビューにしようかなぁと。

宇多丸　たしかに、てらいもないし、どういう思考でそこにたどり着いたのかわかるようでわからないし、わからないようでわかるような。

しまお　言いたいことをまとめきれてない。その雑味がすごい。

宇多丸　我々が日々触れているものはだいたいが整っているなかで、整いきってないっていうね。インタビューした子どもたちは、どうやって見つけたんですか？

しまお　人づてが多かったですね。構成作家の古川耕さんの娘さん、ツムちゃん、コズちゃん（P.54）にも出てもらいましたし。

宇多丸　話を聞いているのが、みんな小学生だったけど、低学年と高学年の差って大きいよね。

しまお　違いますね。低学年の子も

面白いんだけど、やっていくうちに1時間のインタビューをするには、中学年くらいがいいのかもという話にはなったんですよね。

宇多丸 みみちゃん(P.6)が弟を脅すとき、どこで覚えたか知らないけど、「焼くよ!」って言ってて(笑)。何、その脅し方!って。その飛躍だよね、どこから来た!? みたいな。

しまお そういう個体差は残っていくのか、大人になってなくなっていくのか気になりますよね。

宇多丸 寄生虫好きのはーちゃん(P.24)や、塾に特待生で通ってる子もビックリするほど賢かった。

しまお あおぺ(P.14)ね。

宇多丸 すごく頭のいい大人の原型を見た気がする。頭のつくりがちょっと違うのかなと。

しまお 彼は落ち着いていて、大人感がありましたね。しゃべってるうちにどんどん元気になっていったけど、最初は、毛布をかぶって恥ずかしがってて。

宇多丸 「完璧無敵装置」。ネーミングもすげぇいいし、くるまってひとりごちている感じがいい。

しまお 大人としゃべるのも楽しいと知ってる感じはあったな。

宇多丸 取材が終わったあとに、「なんて幸せな1日なんだ」って言ってたというエピソードは、たしかにそう感じた日もあったなって思った。僕は千駄木生まれだから、子どもだけでバスに15分乗って上野の松坂屋に行くのが冒険だったもん。上野まで行けたからと今度はサンシャイン60を目指したら、帰りのバスを間違えちゃって。

しまお どうしたんですか?

宇多丸 普通に親に電話して迎えに来てもらったけど、その不安も含めて大冒険という感覚はあった。

しまお 1駅、2駅が遠かったですよね、子どものころって。

子どもが見ている世界は大人が思うものとは違う。

宇多丸 あと、やっぱり、今の子はYouTubeなんだって思ったね。

しまお わたしたちの知らない世界があるなと。聞いたことのない固有名詞がたくさん出てきました。わたしが特に印象的だったのは、玉袋筋太郎さんが大好きな、町中華好きのはじめくん(P.104)。

宇多丸 こんな子いるんだって玉さんに教えてあげないと！

しまお ホントに。

宇多丸 好きの対象はきっとただのきっかけでさ、好きの集中力のまっすぐさがすごい。昭和が好きなりんたろうくん（P.144）もいたけど、古風なものを好きになる子って一定数いるよね。

しまお 新鮮に映るんですかね。彼は、流行り物にまったく興味ないって言ってました。

宇多丸 興味もないし、知ったかぶりしてもバレるんだよと話してる文面だけを読んでいると、ちょっと大人の人物すら浮かべちゃうけど、その前に『学園天国』を歌い続けている描写があるから、やっぱり子どもなんだとわかる。

しまお たしかに。

宇多丸 あの年頃ならではの輝かしい集中度はあっても、この世代はこういうものが好き、とは一概にくくれないのかもしれないね。でもわかってないしまおさんに対して、「ちょっと！」と教えてあげたいところもいっぱいありましたよ。ララァとアムロの関係のくだりとか。ふたりは精神でつながっているけど恋人ではない。だって、ララァはシャアと男女の仲だから。まるでわかってないしまおさんに若干イライラしながらも、そのニュアンスを一生懸命説明してくれる感じが伝わってきた（笑）。

しまお うん、とっくに追い越されているなと感じました。

宇多丸 間違いない。子どものときに、「こんなに面白いものがあるのに大人ってつまんねぇな」と思っていたけど、本当にこの断絶は起こるんだと実感するよね。

しまお 子どもの世界ってこちらが想像しているものとは全然違うんだろうなとは思ってて、それを知りたいというのもあって。

宇多丸 それもそうだし、実際の小学生の自分って、記憶の自意識とはかなり誤差があるだろうから、こういう記録があると、あとから追いやすいよね。彼らよりも幼いころだと

思うんだけど、母が毎日ノートをつけていて、僕の発言を記録してるんです。まったく記憶にないんだけど、読むと、こんな子いたら最高じゃない？ というめちゃめちゃいい子なんですよ。

しまお 自分の記憶の自意識では、どんな子どもだったんですか？

宇多丸 小学校の中学年ごろは、今の延長線上だよね。親の泣くことはしてないけど、悪賢くはなりつつありました。

しまお ってことは、それよりもだいぶ前の話なんですかね。

宇多丸 と思う。母を労るようなことを言ったり、「男の子だから泣くな」と言われるけど男の子だって泣きたいと切々と訴えていたり。「いいね君！」と思いました。

しまお 宇多丸さんは、言葉が得意な子どもだったんだろうな。ウチの子ども、まだ保育園だけど、見ているとやっぱり言葉が発達してる子とそうじゃない子がいて、それはただしゃべれるということではないんですよね。ひたすらインプットする子もいるし、言葉とか表現するのは苦手だけど興味を持っているとか本当にそれぞれで。

宇多丸 子どもは人見知りと活発の境目も曖昧というか、僕も両方だったと思うから。要するに乗ってくれば、活発になるし。

しまお うん。ひとくくりに子どもといっても、ふざけてるのも、恥ずかしがり屋も、すごく集中するのも、散漫なのも、全部が「子ども」なんですよね。

社会的枠組みから外れた大人と対話すること。

宇多丸 子どもでも、意外と大人という側面もある。「ちょっと子どもらしいこと言っていい？」とかギョッとするフレーズが出てくるじゃん。大人にどう見られているのかは百も承知なんだろうね。

しまお 意外と自分のことも引いて見てるんですよね。記事を読んだ親御さんから、「親がいないところだとこんな話をするんだ」という驚きの反応もありました。

宇多丸 結局、子どもは親の前では言えないことと切り分けたりしてる。そこが記録として貴重なのかもしれない。知らないおばさんに話した記録ってあんまりない。

しまお おばさん（笑）。けっこう、みんな油断してるんですよね。

宇多丸 しまおさんはいわゆる子ども扱いをしていないじゃん。それってうれしいんだよ。僕は子どもに接するプロの接し方がすごく苦手で、子どもに迎合するでもなく、突き放すわけでもない、ちょっとひねたインテリタイプの親戚のおじさんをカッケーと思ってたから。

しまお 大事ですよね。対等に話してくれる、外れた大人の存在。

宇多丸 まさに『ぼくの伯父さん』ですよね。セラピーとまでは言わないけど、子どもたちもフラットに思ってることを言う場が意外とないってことなんじゃないかな。

しまお 自分のことを話すのがうれしいというのはあったんだろうな。

宇多丸 でも親じゃないんだよな。で、先生でもない。

しまお 子どもって、家庭教師とか、教育実習生とか、親以外の年上の人が好きですよね。それでいて、利害関係が全然ない相手。

宇多丸 利害関係のなさにヒントがあるね。社会的枠組みとしての大人にうんざりしてるんだろうね。でも、ほかの人がやったら、〝ぼくのおばさん〟的な感じは出ないよね。彼らは、しまおさんが大人という権威を背負った人じゃないことを見抜いてる。じゃないと、そんなTシャツ着てこないもん！

宇多丸

うたまる／1969年東京生まれ。ラッパー、ラジオ・パーソナリティ。89年、大学在学中にヒップホップ・グループ「RHYMESTER」を結成。日本ヒップホップの黎明期よりシーンを牽引し第一線での活動を続ける。また、ラジオ・パーソナリティとしても注目され、2009年にはギャラクシー賞「DJパーソナリティ賞」を受賞。メインパーソナリティを務めるTBSラジオ『アフター6ジャンクション』（略称アトロク）は月曜～金曜18:00～21:00生放送。

STAFF

著者・イラスト　しまおまほ
撮影　田中麻以
デザイン　根本真路
構成　皆川彩乃（連載）・小川知子
企画　小学館女性メディア局
Oggi・Domani ブランド室
編集　岩﨑僚一
制作　山﨑万葉、木戸 礼
販売　根來大策
宣伝　細川達司

しまおまほ

漫画家・エッセイスト。1978 年生まれ。多摩美術大学美術学部二部芸術学科卒業。1997 年に高校生のときに描いた漫画『女子高生ゴリコ』でデビュー。雑誌や文芸誌でエッセイや小説を発表するほか、ラジオのパーソナリティとしても活躍。2015 年に第一子を出産。著書に『まほちゃんの家』『マイ・リトル・世田谷』『ガールフレンド』『スーベニア』『家族って』などがある。

しまおまほの
おしえてコドモNOW!

2021 年 11 月 3 日　初版第一刷発行

著者　しまおまほ
発行人　兵庫真帆子
発行所　株式会社小学館
〒 101-8001
東京都千代田区一ツ橋 2-3-1
☎ 03-3230-5697〈編集〉
☎ 03-5281-3555〈販売〉

印刷所　大日本印刷株式会社
DTP　昭和ブライト
製本所　牧製本印刷株式会社

ISBN-978-4-09-388839-4